GUIA DE ESTUDO RADICAL

Explorando as raízes e origens da fé cristã

CHAMP THORNTON

Geográfica editora

The Radical Book for Kids©New Growth Press
Copyright © 2016 by George Thomas Thornton II

Editor responsável
Marcos Simas
Maria Fernanda Vigon

Tradução
Julia Ramalho

Preparação de texto
Lilian Condeixa

Diagramação e adaptação de capa
Jonas Lemos

Revisão
Angela Baptista
João Rodrigues Ferreira
Marcelo Miranda
Nataniel dos Santos Gomes

Revisão editorial
Adriel Moreira Barbosa

Todos os direitos desta obra pertencem à Geográfica Editora © 2022.
Qualquer comentário ou dúvidas sobre este produto escreva para:
produtos@geografica.com.br

Siga-nos nas redes sociais

@geograficaed
@geograficaeditoraoficial
@GeoEditora
geograficaeditora
@geoeditora

Esta obra foi impressa com a qualidade de impressão e acabamento da Geográfica

T513g	Thornton II, George Thomas
	Guia de Estudo Radical – George Thomas Thornton II. Santo André: Geográfica, 2021.
	16x23 cm; il. ; 272p.
	ISBN 978-65-5655-182-1
	1. Bíblia sagrada. 2. Cristianismo. 3. Literatura juvenil. I. Título.
	CDU 22.06+087.5

Catalogação na publicação:
Leandro Augusto dos Santos Lima – CRB 10/1273

Para Shannon
Irmão, amigo e aliado para a próxima geração

Nem tudo o que reluz é ouro,
Nem todos os que vagueiam estão perdidos;
O velho que é forte não murcha,
Raízes profundas não são atingidas pela geada.

—J. R. R. Tolkien, *A sociedade do anel*

SUMÁRIO

Atenção: Você tem em mãos um livro *radical*

1. A Bíblia em uma frase /2
2. Como entender a Bíblia /5
3. Os nomes de Deus /10
4. Ótimas notícias! /12
5. Como amadurecer como cristão /16
6. Homens que deram a vida por Cristo /19
7. O que fazer quando estamos com raiva /24
8. Regras, regras, regras /29
9. Como arrumar seu quarto /32
10. Como podemos saber que a Bíblia é verdadeira /34
11. Como ler as histórias da Bíblia /38
12. Como fazer sua própria funda /42
13. O que toda criança precisa /44
14. Frases bíblicas famosas: as verdadeiras e as falsas /47
15. Como ler a Bíblia todos os dias /51
16. Aprenda o alfabeto hebraico /56
17. Sessenta e seis livros em um /58
18. Boas festas /65
19. Viagens famosas na Bíblia /72
20. Encontrando o centro do universo /75
21. O que fazer quando estamos com medo /80
22. Como memorizar qualquer coisa /82
23. A missão (não tão) secreta de Deus /85
24. Mulheres que deram a vida por Cristo /89
25. Palavras em latim que você deveria conhecer /95
26. Brilhe muito! (Joias na Bíblia) /98
27. Por que não? /101
28. O segredo para amadurecer /104
29. Selvagem, mais selvagem, super-selvagem /108
30. Atenção às boas maneiras /112
31. Explore novos mundos /116
32. Como Deus é? /123

33 É possível provar a existência de Deus? /130

34 Canções para o coração /135

35 Vendo estrelas /138

36 Comer ou não comer? /142

37 Mais homens que deram a vida por Cristo /147

38 Os pais não são perfeitos /154

39 Diferenças entre dia e noite /156

40 Como ter mais noção de Deus /158

41 Como receber ajuda dos profetas /160

42 Genes do projeto inteligente (e mais) /164

43 Como orar /168

44 Trabalho duro? É moleza! /172

45 A maior história de amor do mundo /175

46 Melhores amigos para sempre? /182

47 Resumindo /185

48 Como fazer cerâmica /190

49 Dinheiro na Bíblia /192

50 Como tomar boas decisões /194

51 Diversão nos tempos bíblicos /196

52 Aprenda o alfabeto grego /199

53 Comendo com Jesus /202

54 A melhor maneira de lidarmos com inimigos /204

55 Jesus *realmente* ressuscitou? /208

56 Compreendendo os evangelhos /211

57 Nós que não podem ser desfeitos /214

58 Oito dias que mudaram o mundo /217

59 Mensagens antigas /220

60 Como era a igreja para os cristãos primitivos? /223

61 Como sua Bíblia chegou até você? /226

62 Anotações /228

63 Como fazer um relógio de sol /230

64 Mais mulheres que deram a vida por Cristo /233

65 Armas na Bíblia /242

66 Símbolos cristãos que você deveria conhecer /246

67 O que fazer quando coisas ruins acontecem /249

Como encontrar qualquer coisa neste livro

Agradecimentos

Uma breve explicação para os adultos

Escrevi este livro por um motivo – na verdade, três: dois meninos e uma menina. Meus três filhos estão agora com idade entre 6 e 11anos, mas um dia serão adultos e talvez tenham as próprias famílias.

Como pais, desejamos o melhor para a próxima geração – que os filhos amem, confiem no Senhor Jesus Cristo e o sigam. É minha oração, portanto, que este livro seja usado por Deus para despertar uma fé com raízes profundas em todas as crianças que o lerem.

Mais do que isso, espero que ele também incentive os jovens leitores a darem continuidade ao estudo da Palavra, do evangelho, da Igreja e de toda vida no mundo criado pelo Pai. Se este livro tornar nossos filhos mais curiosos e sedentos por conhecer a Deus e as boas-novas da Palavra, então terá cumprido seu papel.

O Guia de Estudos Radical é destinado a jovens de 8 a 14 anos – para que leiam sozinhos. Porém, pais e professores também podem considerá-lo útil como complemento a ser utilizado nos devocionais e para discussões interessantes. Qualquer que seja seu uso, espero que esta obra – como um saco de sementes – caia em solo bom, crie raízes, cresça e dê frutos. Tudo para a glória do Jardineiro!

"Agora, eu os entrego a Deus e à palavra da sua graça, que pode edificá-los (...)" (Atos 20. 32a).

ATENÇÃO: VOCÊ TEM EM MÃOS UM LIVRO RADICAL.

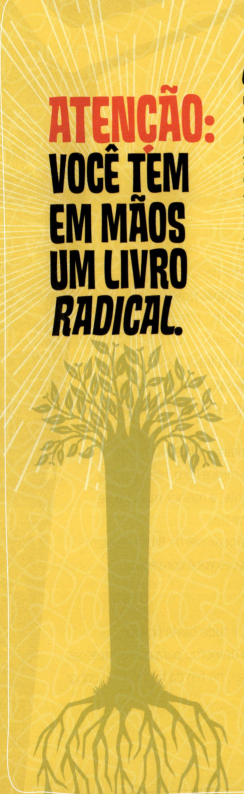

Sabia que a palavra *radical* possui alguns significados diferentes? Originalmente, significava "ir à raiz de algo". Então – se tiver coragem – este livro o levará às profundas e antigas raízes da nossa fé. Você aprenderá sobre a Palavra de Deus – o que ela ensina, por que confiar nela e como vivê-la. Conforme cresce em estatura, você também deve crescer por dentro – ao permitir que a Bíblia crave raízes profundas em seu coração.

Radical também significa "extremo, drástico, revolucionário". Quando uma árvore possui raízes fortes, ela é capaz de resistir às tempestades mais violentas. Neste livro, você aprenderá como seguir a Jesus e como representá-lo em meio às tempestades da vida. Também conhecerá histórias de pessoas que fizeram exatamente isso, mesmo quando tudo parecia estar contra elas. E como conseguiram? Deus deu a elas uma fé radical.

Você também achará este livro radical ("excelente", "maneiro"), divertido. Aprenderá sobre armas antigas, como fazer objetos de cerâmica, descobrirá línguas de um passado distante, saberá como localizar estrelas, aprenderá a divertir-se com um jogo de tabuleiro de três mil anos – e muito mais.

Então, leia este livro do jeito que preferir: por seções do seu interesse ou direto. Mas lembre-se: todas as raízes da fé nascem da Árvore. Daquela árvore de onde foi tirada a madeira da cruz na qual Jesus morreu no lugar dos pecadores. Que tudo o que você ler aqui aponte para Jesus: o Salvador radical dos rebeldes.

A BÍBLIA EM UMA FRASE

Se alguém pedisse a você: "Por favor, diga qual é a mensagem da Bíblia inteira em uma frase", o que responderia? Não seria fácil, não é mesmo? Afinal, a Bíblia possui 1.189 capítulos divididos em 66 seções ou "livros" diferentes. Como poderíamos juntar isso em uma única frase?

Seria impossível colocar tudo em uma frase. Mas, e se os 66 livros se encaixassem como capítulos de uma só história? Assim seria viável resumir a história. Agora estamos chegando a algum lugar.

Então, qual é a grande história contada pela Bíblia? Uma forma de aprender algo sobre uma história é ler o início e o fim. Narrativas são como casas: normalmente, a melhor maneira de entrar é pela porta da frente ou pela de trás.

O que o início (Gênesis) e o fim (Apocalipse) da Bíblia revelam sobre a sua história inteira? Quais ligações você consegue perceber? (Veja o gráfico).

No princípio, Deus criou o mundo, e tudo havia ficado "muito bom" (Gênesis 1.31), mas não demorou para que as pessoas destruíssem o que ele havia criado. Mas, no fim da história, o Senhor consertará tudo novamente.

NO PRINCÍPIO...

DIA E NOITE SÃO CRIADOS
(Gênesis 1.5)

O MUNDO É CRIADO
(Gênesis 1–2)

A ÁRVORE DA VIDA É CRIADA
(Gênesis 2.9)

DEUS HABITA EM MEIO AO HOMEM E À MULHER
(Gênesis 3.8)

O HOMEM E A MULHER DESOBEDECEM A DEUS
(Gênesis 3.6)

O HOMEM E A MULHER COMEÇAM A BRIGAR UM COM O OUTRO
(Gênesis 3.12)

A DOENÇA E A MORTE ENTRAM NO MUNDO
(Gênesis 3.19)

SATANÁS (A SERPENTE) CAUSA DESTRUIÇÃO
(Gênesis 3.1)

NO FIM...

NÃO HAVERÁ MAIS NOITE
(Apocalipse 22.5)

SERÃO CRIADOS NOVO CÉU E NOVA TERRA
(Apocalipse 21.1)

A ÁRVORE DA VIDA CONTINUARÁ
(Apocalipse 22.2)

DEUS VAI MORAR NOVAMENTE COM AS PESSOAS
(Apocalipse 21.3)

AS PESSOAS OBEDECERÃO A DEUS
(Apocalipse 21.27)

AS PESSOAS NÃO BRIGARÃO MAIS
(Apocalipse 21.24-26)

NÃO HAVERÁ MAIS DOENÇA OU MORTE
(Apocalipse 21.4)

SATANÁS SERÁ DERROTADO
(Apocalipse 20.2, 10)

O que, então, faz a ligação entre o início da história e o fim? O que preenche o centro dela é a história sobre Jesus. O Antigo Testamento olha para o futuro e prepara a vinda do Salvador. O Novo Testamento aponta para o passado e explica sua chegada. A história da Bíblia, portanto, é a história de Jesus e do motivo pelo qual ele veio ao mundo.

"Deus criou, nós destruímos e Jesus consertou."
Michael Williams

A Bíblia ensina que Jesus veio com esta missão: fazer novas todas as coisas. Tudo aquilo que o pecado destruiu, ele veio consertar.

E isso nos traz de volta ao ponto de partida. Como resumir a Bíblia em uma frase? Eis uma maneira: a história da Bíblia é que..., **por meio de Jesus, Deus está restaurando tudo aquilo que o pecado destruiu.**

Você consegue pensar em alguma área de sua vida que parece ter sido prejudicada por causa do seu pecado ou do pecado de alguém? A triste verdade é que o pecado toca todas as áreas da nossa vida e, por isso, causa muitos problemas. Para nós, é impossível consertar nossa realidade. Porém, nada é impossível para Jesus. Ele ama reconstruir coisas destruídas.

Afinal, a Bíblia inteira nos lembra de que Jesus veio ao mundo para restaurar todas as coisas.

Como resumir a Bíblia em uma frase?

PARA SABER MAIS

Se você quiser aprender mais sobre a história da Bíblia, leia *o Comentário bíblico Outline Wiersbe*.

COMO ENTENDER A BÍBLIA

A Bíblia conta uma grande história. Mas, se você já dedicou algum tempo para ler esta obra, provavelmente notou que ela não é como a maioria dos livros de duas mil páginas que encontramos na biblioteca. A Palavra de Deus é, na verdade, mais parecida com a *própria biblioteca*: nela, estão muitos tipos diferentes de livros – poesia, cartas, histórias e muito mais. Cada parte da Bíblia possui estilo próprio.

Logo, para entender o que está escrito nela é necessário saber como está escrito.

Todos sabemos que a forma como uma coisa é organizada muda o jeito como lidamos com ela. Laranjas têm casca e maçãs têm caroço, então nós as comemos de maneiras diferentes – uma, descascamos; da outra, tiramos o caroço. O mesmo se aplica aos livros. Se uma história começa com as palavras "Era uma vez", sabemos que se trata de um conto de fadas e que não devemos ler essa trama da mesma forma que lemos um livro de história.

Com a Bíblia não é diferente. Se quisermos compreender a Palavra de Deus, precisamos conhecer os diversos tipos de literatura que estão nela. Então, será possível ler cada um deles da maneira correta. Esses diferentes tipos ou estilos são chamados *gêneros*.

Mas, por que Deus não nos deu um livro todo escrito no mesmo estilo? As Escrituras possuem vários gêneros distintos para nos ajudar na leitura. Temos sentimento. Por isso, existem partes da Palavra de Deus, como a poesia dos Salmos, que falam ao coração. Temos pensamentos. Sendo assim, há cartas, como a carta aos Romanos, que expandem a mente.

Também temos livre-arbítrio para fazermos escolhas. Portanto, há mandamentos na Bíblia que desafiam a obediência. Acima de tudo, aprendemos muito por meio de histórias; então a Palavra de Deus nos conta muitas narrativas reais (e é claro que todas elas se encaixam perfeitamente na única história verdadeira sobre o resgate do mundo da morte e do mal, por meio de Jesus). A Bíblia fala de maneira pessoal a cada área da nossa vida.

A seguir, temos uma lista com os gêneros presentes na Bíblia. (As estantes mostram quais livros específicos da Bíblia se encaixam em cada gênero.)

História—A Bíblia inteira é historicamente real, e cerca de metade do Antigo Testamento se concentra na recontagem de acontecimentos históricos. Os livros contam o que Deus fez pelo seu povo: ele os criou, amou, guiou, perdoou etc. Não há um homem sequer que merece a bondade do Senhor.

Todo seu povo, até o melhor dos reis, é composto de pessoas cheias de fraquezas, que cometem erros com frequência. Isso significa que o herói de todas essas histórias é o próprio Deus. O Antigo Testamento também narra como, um dia, o Pai enviaria o Rei perfeito para resgatar o seu povo imperfeito e pecador.

Lei—Bem no meio das histórias, Deus diz ao seu povo como deseja que levem a vida. O Criador é a autoridade sobre o povo. Como seu verdadeiro Rei, Deus dá regras a eles. Essas regras mostram o que o Senhor ama e o que odeia, e também indicam o que é melhor para eles. No entanto, o povo não consegue obedecer perfeitamente ao Senhor. E, por isso, precisam de perdão. Anos após a Lei ser escrita, o Pai enviaria alguém que sempre cumpriu sua Lei; aquele que seria o sacrifício perfeito pelo pecado.

Poesia—Mais de um terço da Bíblia é composto por poesia. Em vez de terem rimas, os poemas da Bíblia possuem ideias em harmonia que, combinadas entre si, formam um lindo conceito. Por exemplo, a primeira parte do Salmo 9.9 diz: "O SENHOR é refúgio para os oprimidos."

A segunda parte deste poema corresponde-se com a primeira e a complementa: "[O Senhor é] uma torre segura na hora da adversidade." Os autores da Bíblia escreviam utilizando esse tipo de poesia para expressar os sentimentos em relação a Deus – às vezes, em forma de canções, tristes ou alegres, mas sempre vindas do coração. O Senhor prometeu consertar todas as coisas um dia. E essa promessa confere o tom da esperança às canções!

Sabedoria—Alguns livros do Antigo Testamento nos ensinam a como viver sabiamente diante de Deus neste mundo maravilhoso, doloroso e complicado. Esses livros, como os Provérbios, reconhecem, com frequência, que a vida geralmente segue determinados padrões criados por Deus, como por exemplo: se você fizer algo errado, provavelmente será descoberto.

Eles também nos lembram de que a sabedoria vem da nossa confiança em Deus. Nenhum de nós é capaz de fazer isso perfeitamente, e é por isso que o Senhor um dia enviaria ao mundo o Homem mais sábio que já existiu, Aquele que sempre confiou em Deus de todo o seu coração.

Profecia—Esses livros registram, principalmente, os sermões dos profetas enviados por Deus para entregar as suas mensagens ao seu povo pecador. Às vezes os profetas falavam sobre o que Deus faria

Qual é o livro mais longo da Bíblia?

(Resposta: O livro dos Salmos possui o maior número de versículos (2.461) e capítulos (150), mas o livro de Jeremias possui o maior número de letras (cerca de 40 mil))

no futuro (eles previam o que aconteceria). E, outras vezes, simplesmente pregavam a Palavra ao povo de Deus.

Nessas mensagens, os profetas encorajavam o povo de Deus, lembrando-os de que ele ainda os amava. Eles também os alertavam a abandonarem o pecado e a se voltarem para o Senhor. Se os profetas se recusassem a fazer isso, coisas ruins surgiriam. Por causa do pecado, Deus um dia enviaria um Homem perfeito que faria pelo povo aquilo que eles jamais foram capazes de fazer – obedecer e amar a Deus perfeitamente.

Evangelhos e Atos—Os quatro evangelhos falam sobre a vida, morte e ressurreição de Jesus Cristo. Eles apresentam testemunhos oculares de pessoas que viveram e viram tudo acontecer e registram como Jesus estabeleceu o exemplo perfeito e as ordens a serem obedecidas. Porém, as boas-novas dos evangelhos (evangelho significa "boas-novas") é que Cristo viveu e morreu, não apenas como um bom exemplo ou um bom mestre, mas como nosso substituto.

Ele era aquele por quem o povo de Deus esperava. Jesus viveu a vida que jamais poderíamos viver e sofreu a morte que merecíamos sofrer. O livro de Atos segue os evangelhos e dá continuidade à história de Jesus, contando como as boas-novas espalharam-se por todo o mundo.

Cartas—As cartas (também conhecidas como epístolas) do Novo Testamento ajudam a explicar a importância da vida, morte e ressurreição de Jesus. Qual foi o

significado de tudo o que Deus fez por meio de Cristo? A verdade presente nessas cartas auxilia o povo de Deus a lidar com as tentações, erros e sofrimentos.

Literatura apocalíptica—Este gênero concentra-se em revelar o futuro. ("Apocalíptica" vem de uma palavra grega que significa "revelar"). Nesse tipo de livro, nem sempre é fácil compreender os detalhes do que acontecerá no futuro. Sua escrita costuma ser misteriosa. Porém, no livro de Apocalipse é evidente que não importa quão ruim as coisas fiquem, nem o quanto o mundo odeie a Deus e seu povo, Jesus vencerá! A história da Bíblia – e a história do mundo – terá um final feliz.

Lembre-se: Às vezes você encontrará vários gêneros dentro de um único livro da Bíblia. Êxodo, por exemplo, contém história, lei e poesia. Então, com o objetivo de simplificar, os livros das Escrituras estão, aqui, separados pela categoria da literatura que eles mais apresentam.

3

OS NOMES DE DEUS

Na Bíblia, Deus é conhecido por muitos nomes. Tais nomes não são apenas como o Senhor é chamado; eles representam quem é Deus (Salmo 68. 4). Alguns nomes são bastante diretos, como: "Deus" ou "Jesus". Outros são nomes compostos, como: "Deus todo-poderoso" (Apocalipse 19. 15) ou "Deus Altíssimo" (Gênesis 14. 22). Há ainda outros que são mais descritivos: "o Santo" (Isaías 40. 25), ou "do seu trono nos céus" (Salmo 2. 4), ou "o Santo de Israel" (Isaías 1. 4).

Todos esses nomes de Deus são como janelas por meio das quais podemos olhar e aprender mais sobre ele.

ANCIÃO
O Rei sempre existiu e reinou do seu trono poderoso.
Daniel 7.9

JESUS
Jeová salva. Deus resgata seu povo!
Mateus 1.21

CRISTO
Messias, o Ungido de Deus
Mateus 11.2–6

DEUS
O nome mais comum para o Senhor. Em hebraico, *Elohim*
Gênesis 1.27

PARA SABER MAIS ▶ Se você quiser aprender mais sobre os nomes de Deus, leia *Manual Bíblico de Mapas, Gráficos e Cronologia.*

SENHOR
Mestre ou Rei. Em hebraico, *Adonai*
Êxodo 34.9

SENHOR
Escrito com letras maiúsculas, este é o nome que Jeová (ou Javé) usa com seu próprio povo
Êxodo 20.2

JEOVÁ SABAOTE
O SENHOR dos Exércitos
Isaías 13.4

JEOVÁ JIRÉ
SENHOR proverá
Gênesis 22.14

EL OLAM
Deus Eterno
Gênesis 21.33

JEOVÁ RAFÁ
O SENHOR que cura
Êxodo 15.26

EL ELYON
O SENHOR Altíssimo
Salmo 73.11

JEOVÁ TSIDKENU
O SENHOR é nossa justiça
Jeremias 23.5-6

EL RÓI
O Senhor que vê
Gênesis 16.13

EL SHADDAI
Deus Todo-poderoso
Gênesis 28.3

Qual livro da Bíblia não menciona Deus nenhuma vez?
(Resposta: Ester)

4

ÓTIMAS NOTÍCIAS!

O que você acha que significa ser cristão?

☐ **A.** Ser uma pessoa boa

☐ **B.** Ir à igreja aos domingos

☐ **C.** Esforçar-se para obedecer a Deus e aos seus pais

☐ **D.** Ler a Bíblia e orar quase todos os dias

☐ **E.** Nenhuma das respostas anteriores

À s vezes, quando perguntamos a alguém: "Você deseja se tornar cristão?", a pessoa responde: "Não estou pronta. Há áreas da minha vida que preciso consertar primeiro para depois me converter."

Essa pessoa pensa que ser cristão significa ser bom o suficiente e obedecer mais a Bíblia. Ela pensa que o cristianismo se resume a seguir bons conselhos dados por Jesus. Mas está errada. O tema principal do cristianismo não são os bons conselhos, mas as boas notícias.

Eis a diferença.

Conselhos falam sobre coisas boas a serem feitas. Essas coisas ainda não aconteceram.

Notícias falam sobre algo que já aconteceu. Não há mais nada que você possa fazer.

Aqui está um exemplo: finja que você viveu em um castelo nos dias de cavaleiros e reinos. Então, certo dia, um rei inimigo invade, marchando com o exército em direção ao seu reino. Logo, o seu rei também reúne um exército e sai ao encontro do inimigo no campo de batalha, a quilômetros de distância do castelo. Você e todos que moram nesse castelo esperam por notícias do campo de batalha – será que o seu rei ganhou ou perdeu?

    Caso o rei tenha perdido, ele enviará soldados de volta ao reino para aconselhar o povo a se preparar para uma invasão inimiga. Você e outros cidadãos precisarão ficar prontos para lutar pela vida de vocês. Vai ser necessário se proteger e separar as armas. Mas será o suficiente? Medo e pavor tomarão conta das pessoas em perigo.

    Porém, se o seu rei tiver vencido a batalha, ele mandará mensageiros para anunciar a maravilhosa notícia da vitória. Você e o restante dos cidadãos do castelo poderão continuar aproveitando uma vida normal e ativa. Alegria e paz invadirão cada coração.

    Veja, o cristianismo comunica a melhor notícia da história do universo: o evangelho de Jesus Cristo. Ele já veio à Terra e derrotou completamente todos os inimigos: pecado, morte e Satanás. A batalha já foi travada e vencida. Não há mais nada que você precise fazer, exceto viver a vida com alegria e paz, confiando na vitória que ele já conquistou.

"Evangelho" significa "boas-novas". O termo é derivado da palavra grega "euaggelion", que significa, literalmente, "boa notícia" ou "boa mensagem."

Em outras palavras, esse evangelho é o anúncio de que, por meio da vida, morte e ressurreição do Rei Jesus, Deus está consertando todas as coisas novamente, inclusive homens e mulheres que se arrependem e depositam a confiança neste Rei como o seu único Salvador e Redentor.

A esta altura já deve estar claro que o cristianismo não é uma religião com uma lista de conselhos a serem seguidos. Não, o cristianismo traz notícias sobre tudo o que Jesus já fez. Não se trata da realização de boas ações; se trata do anúncio das boas ações de *Cristo*.

◦ ◦ ◦

Como, então, você responderá a essa ótima notícia? Existem apenas duas maneiras.

1. **Você pode rejeitar o seu Rei e Salvador, Jesus Cristo, e tentar viver a vida de acordo com suas próprias regras para salvar a si mesmo.** Esse tipo de pessoa pode ser considerada boa ou má, segundo os padrões do mundo. Isso não importa: sendo boa ou má, ela rejeita Jesus.

2. **Ou, você pode viver tendo Jesus Cristo como seu Rei e Salvador.** Deixar de levar a vida como se você mesmo fosse rei (com arrependimento) e depositar a confiança em Jesus para sua salvação (com fé).

O segundo tipo de pessoa também faz coisas más, assim como coisas boas. O mais importante, porém, é que essa pessoa foi salva pelo rei Jesus – tanto de sua própria maldade quanto bondade. Isso é ser cristão. E é uma ótima notícia!

• • •

POIS TODOS PECARAM E ESTÃO DESTITUÍDOS DA GLÓRIA DE DEUS, SENDO JUSTIFICADOS GRATUITAMENTE POR SUA GRAÇA, POR MEIO DA REDENÇÃO QUE HÁ EM CRISTO JESUS. DEUS O OFERECEU COMO SACRIFÍCIO PARA PROPICIAÇÃO MEDIANTE A FÉ, PELO SEU SANGUE, DEMONSTRANDO A SUA JUSTIÇA.
ROMANOS 3.23–25A NVI

5

COMO AMADURECER COMO CRISTÃO

DISCIPLINAS ESPIRITUAIS

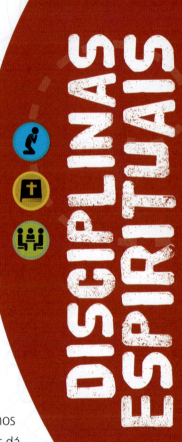

Deus deseja que você, depois de se converter, amadureça como cristão. Esse amadurecimento se dá ao confiar em Jesus e obedecer a sua Palavra cada vez mais. Isso é algo desafiador: é como fazer musculação para aumentar os músculos. Se fosse fácil, todos os cristãos seriam fortes e maduros (e você não precisaria ler este capítulo).

Contudo, o crescimento cristão não é fácil; é preciso esforço. E não é rápido; leva tempo. Além disso, ele nunca tem fim. Esse processo dura a vida inteira.

Felizmente, Deus faz mais do que apenas nos mandar crescer e amadurecer: ele também nos dá o auxílio de que precisamos para fazer isso. Alguns desses recursos para o amadurecimento são chamados de "hábitos da graça" ou de "disciplinas espirituais".

O que são disciplinas espirituais? Elas são práticas que "promovem o crescimento espiritual. São hábitos devocionais que devemos utilizar, com a ajuda do

ORAÇÃO	A PALAVRA DE DEUS	COMPARTILHAR
Salmo 62.8	1 Timóteo 4.13	Converse com outros cristãos sobre o que o Senhor tem ensinado a você. Hebreus 3.13

CONFISSÃO
Eu pequei, perdoa-me pela tua misericórdia
Daniel 9.4-6

LEITURA
Leia a Bíblia diariamente
1Timóteo 4.13

COMPARTILHE
com as pessoas o que você tem visto Deus operar em sua vida
Atos 14.27

LOUVOR
Eu te louvo por quem tu és
Salmo 139.14

MEDITAÇÃO
Reflita constantemente sobre a Palavra de Deus
Salmo 1.1-3

COMPARTILHE
sobre as áreas onde tem enfrentado dificuldades
Gálatas 6.2

AÇÃO DE GRAÇAS
Eu te agradeço por tudo o que fizeste
Salmo 118.21

OUVIR
Ouça atentamente a Palavra do Senhor pregada e ensinada
1Tessalonicenses 2.13

COMPARTILHE
sobre as áreas em que se sente tentado
Tiago 5.16

AFIRMAÇÃO
Eu anunciarei toda a verdade sobre o SENHOR
Salmo 27.1-3

MEMORIZAÇÃO
Memorize a Palavra de Deus
Salmo 119.11

PETIÇÃO
Eu peço o que preciso ao Senhor
Mateus 6.11

Continue praticando essas "disciplinas espirituais" – dedique tempo à Palavra e à oração. Essa prática não o transformará em alguém perfeito. Mas, com o tempo, o Senhor vai ajudar você a crescer em sua fé. Ele fortalecerá você para que confie cada vez mais em Jesus e se pareça com ele em tudo o que fizer. Porque é Jesus quem vai satisfazer todas as suas necessidades. É dessa forma que um cristão amadurece.

Você SABIA?

Os cristãos continuam amadurecendo em sua fé durante toda a vida. Charles Simeon foi pastor em Londres por 53 anos, de 1783 a 1836. Ele era conhecido por ser um homem temente a Deus, que amava a Bíblia. Porém, ele nem sempre foi assim.

Charles só se converteu quando estava na faculdade. E, mesmo depois de já ter se tornado pastor, ele tinha dificuldade para controlar o seu humor.

Certa vez, quando visitava Henry Venn e sua família, o pastor Charles falou de maneira agressiva com outro homem. As filhas do Sr. Venn viram tudo.

Depois que o pastor Charles Simeon foi embora, o Sr. Venn levou as filhas até o pomar e pediu que elas pegassem um pêssego verde para ele. Elas perguntaram ao pai por que ele pediu uma fruta que ainda não tinha amadurecido. O pai respondeu: "Bem, minhas queridas, o pêssego ainda está verde, e nós precisamos esperar. Mas, com um pouco mais de sol e um pouco mais de chuva, ficará maduro e doce. Assim é o caso do Sr. Simeon."

E também é do mesmo jeito com todos nós que buscamos — por meio do sol e da chuva das disciplinas espirituais — continuar amadurecendo como cristãos.

Espírito Santo, na busca pela santidade".

• • •

Continue praticando as "disciplinas espirituais" — dedique tempo à Palavra e à oração. Essa prática não o transformará em alguém perfeito. Mas, com o tempo, o Senhor vai ajudar você a crescer em sua fé. Ele fortalecerá você para que confie cada vez mais em Jesus e se pareça com ele em tudo o que for fazer. Porque é Jesus quem vai satisfazer todas as suas necessidades. É dessa forma que um cristão amadurece.

6

HOMENS QUE DERAM A VIDA POR CRISTO

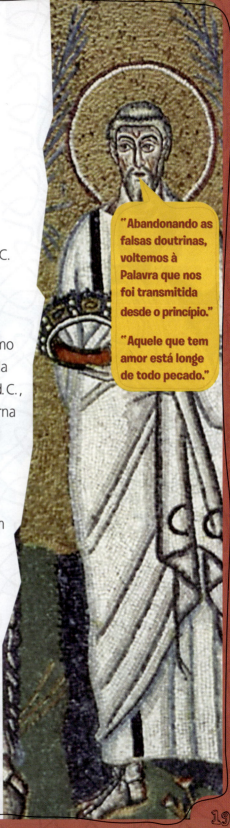

"Abandonando as falsas doutrinas, voltemos à Palavra que nos foi transmitida desde o princípio."

"Aquele que tem amor está longe de todo pecado."

Policarpo nasceu por volta de 70 d. C. e morreu por volta de 160 d. C. Ele se tornou cristão por meio do ministério de ninguém menos do que o apóstolo João! Durante cinquenta anos, Policarpo serviu como pastor temente a Deus em Esmirna, cidade da Ásia Menor (atual Turquia). Por volta de 156 d. C., o governo romano da área ao redor de Esmirna começou a perseguir os cristãos.

Roma estipulou que, caso os cristãos declarassem que o imperador era "senhor", eles poderiam ser libertos. Se, no entanto, se recusassem a fazer isso, seriam mortos. Quando confrontado com essa escolha, Policarpo disse: "Durante oitenta e seis anos, sirvo a Cristo, e ele nunca me decepcionou. Como eu poderia amaldiçoar o meu Rei, que me salvou?" Policarpo entregou voluntariamente sua vida por amor a Jesus Cristo.

Por quarenta e seis anos, Atanásio (296 – 373 d.C.) foi pastor e líder da igreja em sua cidade natal, Alexandria, no Egito. Durante seu ministério, as igrejas ao redor do mundo estavam no meio de uma discussão importante sobre quem era Jesus.

Naquela época, infelizmente, muitos pastores seguiram o ensinamento de um certo pastor chamado Ário. Ele não acreditava que Deus é Pai, Filho e Espírito Santo (a conhecida doutrina da Trindade). Ário e seus seguidores acreditavam que, se existe (a) um Deus e (b) se Cristo é diferente do Pai, então (c) Cristo não poderia ser Deus. Porém, a Bíblia ensina claramente que Jesus Cristo era Deus encarnado. E que ele enviou o seu Espírito para viver com seu povo, quando Cristo voltou para o céu. Ou seja, existe um único Deus dividido em três pessoas distintas, porém igualmente divinas e gloriosas.

Como muitos líderes da igreja acreditavam no arianismo, eles odiavam Atanásio e sua fidelidade ao ensino bíblico verdadeiro sobre a Trindade. Como resultado disso, Atanásio foi exilado cinco vezes e passou

> "[Deus] se tornou o que somos a fim de que nos tornássemos como ele é."
>
> "Você não encontrará ninguém que esteja se esforçando de verdade para amadurecer espiritualmente sem se dedicar à leitura da Palavra."

dezessete anos no exílio, longe de sua terra e da igreja que amava. Certa vez, um amigo exclamou: "Atanásio, o mundo inteiro está contra você!" E ele respondeu com ousadia: "Então é Atanásio contra o mundo." Essa afirmação concedeu a ele uma frase em latim: *Athanasius Contra Mundum*.

Por meio de esforços corajosos durante quarenta e seis anos, Atanásio ajudou a igreja a recuperar o ensino bíblico verdadeiro sobre a Trindade e a identidade de Jesus.

● ● ●

> **LEMBREM-SE DOS SEUS LÍDERES, QUE TRANSMITIRAM A PALAVRA DE DEUS A VOCÊS. OBSERVEM BEM O RESULTADO DA VIDA QUE TIVERAM E IMITEM A SUA FÉ. HEBREUS 13.7-8**

● ● ●

Agostinho nasceu em 354 d.C. e morreu no ano 430. Ele foi pastor e líder de uma igreja em Hipona, no norte da África (atual Argélia), por quarenta anos. Agostinho escreveu mais de cem livros, muitos dos quais são ainda amplamente lidos nos

Você SABIA?

Você não encontrará a palavra "Trindade" na Bíblia. Há, porém, alguns versículos bíblicos que nos mostram como Deus é um, composto por três pessoas: Pai, Filho e Espírito Santo:

"Assim que Jesus foi batizado, saiu da água. Naquele momento, os céus abriram-se, e Cristo viu o Espírito de Deus descendo como pomba e pousando sobre ele. Então, uma voz dos céus disse: 'Este é o meu Filho amado, de quem me agrado'" (Mateus 3.16-17).

"Portanto, vão e façam discípulos de todas as nações, batizando-os em nome do Pai e do Filho e do Espírito Santo" (Mateus 28.19).

"A graça do Senhor Jesus Cristo, o amor de Deus e a comunhão do Espírito Santo sejam com todos vocês" (2 Coríntios 13.14).

Aqui estão mais alguns versículos para pesquisar em sua Bíblia: Deuteronômio 6.4; João 14.26; 1 Timóteo 2.5.

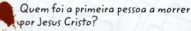

Quem foi a primeira pessoa a morrer por Jesus Cristo?

(Resposta: Estêvão [Atos 7.59])

As confissões de Agostinho

Uma obra-prima de autobiografia espiritual, o livro **Confissões** compreende treze unidades (livros). As primeiras nove unidades recontam acontecimentos e reflexões dos primeiros quarenta anos da vida de Agostinho. Já as últimas quatro apresentam, em sua maior parte, comentários teológicos, com atenção especial ao livro de Gênesis. Aqui estão algumas orações presentes no livro **Confissões**:

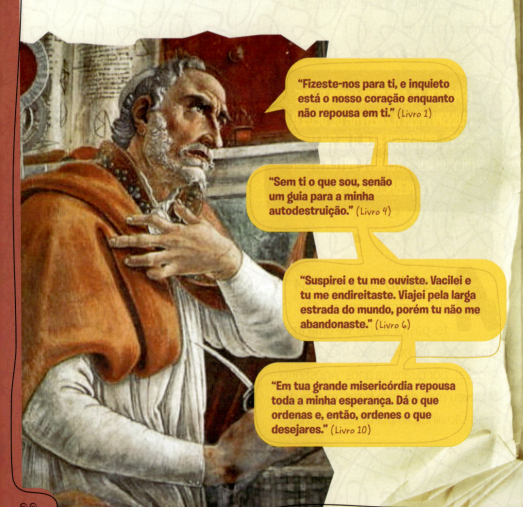

"Fizeste-nos para ti, e inquieto está o nosso coração enquanto não repousa em ti." (Livro 1)

"Sem ti o que sou, senão um guia para a minha autodestruição." (Livro 4)

"Suspirei e tu me ouviste. Vacilei e tu me endireitaste. Viajei pela larga estrada do mundo, porém tu não me abandonaste." (Livro 6)

"Em tua grande misericórdia repousa toda a minha esperança. Dá o que ordenas e, então, ordenes o que desejares." (Livro 10)

dias de hoje – 1.600 anos depois. Provavelmente seu livro mais famoso e amado seja o *Confissões* – que é parte autobiográfico e parte teológico. Por meio de seus escritos, Agostinho continua sendo um dos mais importantes professores da história da igreja de Cristo.

Mas, Agostinho nem sempre foi um pastor cristão fiel. Ele tinha uma mãe cristã, mas, quando cresceu, decidiu que viveria do jeito que desejasse. Quando era jovem, Agostinho se afastou de Deus e passou a ter crenças e atitudes erradas. E sofreu muito por escolher uma vida de pecado.

Mesmo assim, por meio da graça, Deus guiou Agostinho a ouvir o evangelho, que estava sendo pregado por um homem chamado Ambrósio. Agostinho escreveu sobre o que aconteceu com ele logo após ter ouvido a pregação de Ambrósio:

"Eu estava chorando com o coração amargamente contrito quando ouvi uma voz, como a de menino ou menina, não sei bem, clamando e repetindo: 'Pegue-a e leia; pegue-a e leia' (...) Então me levantei, peguei a Bíblia e li o primeiro capítulo que encontrei (...) era a carta de Paulo aos Romanos. Em silêncio, li aquele capítulo, o primeiro que apareceu à frente."

Foram estes os versículos lidos por Agostinho: "Comportemo-nos com decência, como quem age à luz do dia, não em orgias e bebedeiras, não em imoralidade sexual e depravação, não em desavença e inveja. Pelo contrário, revistam-se do Senhor Jesus Cristo, e não fiquem premeditando como satisfazer os desejos da carne" (Romanos 13.13-14).

Agostinho disse: "Eu não quis ler mais nada; e nem precisava. Porque instantaneamente, ao final daquela frase, como uma luz, a paz brilhou em meu coração. E toda a escuridão da dúvida se dissipou." E foi assim, por meio da poderosa Palavra Sagrada, que Deus conduziu um pecador extraviado à sua família e ao seu serviço.

O QUE FAZER QUANDO ESTAMOS COM RAIVA

O que deixa você irritado?

1 "O meu irmão não me deixa assistir ao meu programa preferido. Isso me irrita demais!!"

2 "A minha irmã não sai do computador. Isso me tira do sério."

3 "Esse dever de casa é muito chato - não o suporto mais!"

4 "Meu pai nunca me escuta. Ele está me enlouquecendo!"

5 "Aquele menino da escola fica implicando comigo. Detesto a escola!"

Espero que essas coisas não o irritem – isso seria muito ruim. Mas, mesmo que elas o tirem do sério, há boas notícias que você precisa ouvir.

Sabia que a raiva não é o seu maior problema? Bem, é verdade que Deus chama as explosões de raiva – a ira – de pecado (Gálatas 5. 19-21). Mas, mesmo que você se identifique com todos os cinco pontos anteriores, o maior problema não é ficar chateado com outras pessoas.

O verdadeiro problema é o *motivo* pelo qual você se irrita com as pessoas. É o pecado por trás do pecado. Assim como a maior parte do iceberg fica embaixo da água, onde não podemos ver. De acordo com a Bíblia, ficamos irritados quando não conseguimos aquilo que desejamos. O meio-irmão de Jesus, Tiago, diz o seguinte:

"De onde vêm as guerras e contendas que há entre vocês? Não vêm das paixões que guerreiam dentro de vocês? Vocês cobiçam coisas, e não as têm; matam e invejam, mas não conseguem obter o que desejam. Vocês vivem a lutar e a fazer guerras. Não têm, porque não pedem." (Tiago 4. 1–2)

Normalmente, os motivos pelos quais nos irritamos são porque (1) **desejamos** algo que não temos ou (2) **perdemos** algo que gostaríamos de manter.

Portanto, observe mais uma vez a lista de cinco pontos de "O que deixa você irritado?" no início do capítulo. Reflita durante algum tempo sobre o que você "**deseja**" ou "**perdeu**" em cada um dos pontos colocados.

Para começar, aqui está um exemplo do que pode estar por baixo da superfície no exemplo **#1**.

> **1** "O meu irmão não me deixa assistir ao meu programa preferido. Isso me irrita demais!"

Quero assistir ao meu programa preferido e meu irmão está me impedindo de conseguir o que desejo. Por isso, estou com raiva dele. Ele vai me pagar por não me dar o que quero.

● O que acha que pode ser **desejado** ou **perdido** em cada um dos cinco exemplos citados?

Estou começando a ficar irritado...

O que, então, você deve fazer quando começar a ficar aborrecido?

Ore. Peça perdão a Deus por se sentir assim. Confesse a ele o que você realmente deseja e peça que lhe dê forças para se manter calmo. Quando sente raiva, você pode desejar algo que não pode ter. Mas o que precisa de verdade é de uma bênção que o Senhor ama dar: a sua ajuda (ou "graça").

"Assim sendo, aproximemo-nos do trono da graça com toda a confiança, a fim de recebermos misericórdia e encontrarmos graça que nos ajude no momento da necessidade." (Hebreus 4. 16)

Espere para falar. Quando estiver bravo, não fale muito. Melhor mesmo é não falar nada. Depois de se acalmar, você poderá usar as palavras para ajudar a pessoa que o irritou. Na hora certa, você também pode tentar conversar com essa pessoa sobre aquilo que o chateou.

"*A resposta calma desvia a fúria, mas a palavra ríspida desperta a ira.*

A língua dos sábios torna atraente o conhecimento, mas a boca dos tolos derrama insensatez." (Provérbios 15. 1–2)

Demonstre amor. Em vez de se irritar com alguém, Deus quer que você trate essa pessoa com amor. Quando alguém fizer alguma coisa "ruim" para você, tente responder com algo "bom" em troca.

"Sobretudo, amem-se sinceramente uns aos outros, porque o amor perdoa muitíssimos pecados." (1 Pedro 4.8)

Eu me descontrolei . . .

Seria maravilhoso se você nunca mais caísse no pecado de reagir à sua raiva novamente, mas isso não é realista. Em algum momento, você vai se comportar de maneira descontrolada. O que, então, deve fazer quando isso acontecer?

Arrependa-se. Confesse a Deus que você pecou ao reagir à sua raiva, peça perdão e ajuda para não cair nesse pecado novamente. Peça perdão também pelo pecado que está por trás: algo que você queria muito e não podia ter naquele momento (Mais sobre isso a seguir).

"Se confessarmos os nossos pecados, ele é fiel e justo para perdoar os nossos pecados e nos purificar de toda injustiça." (1João 1.9)

Confesse para a outra pessoa. Se você tiver se aborrecido com alguém, admita que você estava errado; então, peça perdão. Provavelmente precisará dizer o que fez especificamente de errado. (Por exemplo: "Eu não deveria, ao me irritar, ter gritado com você e batido a porta").

É claro que você *não* deve confessar o que estava pensando no momento da raiva. Porque pode magoar a pessoa se, por exemplo, disser: "Errei ao desejar que você morresse...". Provavelmente não seria uma boa ideia compartilhar um pensamento assim.

"Suportem-se uns aos outros e perdoem as queixas que tiverem uns contra os outros. Perdoem como o Senhor lhes perdoou." (Colossenses 3. 13); veja também Mateus 5. 23-26.

Examine o coração.

Pergunte a si mesmo: "Por que fiquei irritado? O que eu queria ter, ou não desejava perder?" A "coisa" que o seu coração deseja pode ser aquilo que a Bíblia chama de "ídolo". Pode, até, ser algo bom que você deseja muito. Confesse a Deus o pecado por trás do pecado de reagir à sua ira. E peça a ele que mude o desejo mal do seu coração.

PENSE NISTO

Quando estiver tentando se acertar com alguém com quem se desentendeu, aqui estão algumas coisas que você NÃO deve dizer...

"Sinto muito se eu o magoei."
"Sinto muito se você se ofendeu."
"Sinto muito, mas VOCÊ não deveria ter feito isso."
"Talvez eu tenha errado também."
"Me mandaram vir aqui pedir desculpas a você..."
"Erros foram cometidos..."

REGRAS, REGRAS, REGRAS

Os primeiros cinco livros da Bíblia são chamados de Pentateuco (penta significa "cinco") ou de Livros da Lei. Isso porque eles contêm as leis que Deus deu ao seu povo, Israel. O Senhor entregou essas leis ao seu povo para mostrar como ele é.

Se contar todas as regras que existem no Antigo Testamento inteiro, você encontrará 248 mandamentos positivos: *"Façam isto!"*. E encontrará 365 mandamentos negativos: *"Não façam isto!"*. Há, portanto, no total, 613 regras.

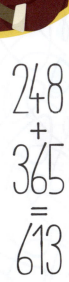

Como podemos acompanhar tantos mandamentos? Talvez devêssemos nos concentrar em apenas alguns. Mas, como decidiríamos quais são os mais importantes?

Jesus nos dá a resposta para essa pergunta. Em Marcos 12, um especialista nas leis do Antigo Testamento perguntou a Jesus qual era a regra mais importante na Bíblia. Jesus respondeu:

"O mais importante é este: 'Ouça, ó Israel, o Senhor, o nosso Deus, o Senhor é o único Senhor.

Ame o Senhor, o seu Deus de todo o seu coração, de toda a sua alma, de todo o seu entendimento e de todas as suas forças'. O segundo é este: 'Ame o seu próximo como a si mesmo'. Não existe mandamento maior do que estes" (Marcos 12. 29–31).

Aí está. Todos os outros mandamentos podem ser resumidos nestes dois: amar a Deus e amar ao próximo (Mateus 22. 37-40; Romanos 13. 9). Se você amar verdadeiramente a Deus e as pessoas, então será capaz de obedecer aos outros mandamentos presentes na Bíblia. E se você realmente obedecer a toda a Palavra de Deus, então estará vivendo o amor real por Deus e pelas pessoas.

O OBJETIVO DESTA INSTRUÇÃO É O AMOR QUE PROCEDE DE UM CORAÇÃO PURO, DE UMA BOA CONSCIÊNCIA E DE UMA FÉ SINCERA.
1TIMÓTEO 1.5

O que, porém, significa amar a Deus e as pessoas em nossa vida diária? Em Lucas 10, Jesus discutiu sobre esses dois mandamentos mais importantes (amar a Deus e ao próximo). Ele explicou o que significam e, em seguida, exemplificou como seria "amar as pessoas", contando a história do Bom Samaritano. Você pode ler essa história em Lucas 10. 29-37. Nela, você verá que amar alguém significa entregar-se para satisfazer as necessidades daqueles à sua volta.

Mas Lucas 10 não termina aí. Depois de explicar como amar ao próximo, Jesus mostra, na história seguinte, como amar a *Deus*.

Quando lemos a história em Lucas 10. 38-42, conhecemos uma mulher chamada Marta, que tem um problema. Ela está ocupada, fazendo muitas tarefas na cozinha, entregando-se para atender às necessidades das pessoas ao seu redor. Marta se parece muito, na verdade, com uma "boa samaritana". Ela estava tentando amar as pessoas, como o Senhor ensinou. Qual era, então, o problema?

A irmã dela, Maria, não estava ajudando. Em vez disso, Maria estava sentada, ouvindo os ensinamentos de Jesus. Marta queria que sua irmã a ajudasse. Ela, no entanto, havia se esquecido do mandamento mais importante de todos: amar a Jesus. Maria, por outro lado, lembrou-se disso. Assim, em vez de ajudar a irmã a servir os convidados, ela se sentou aos pés de Jesus para ouvir atentamente os seus ensinamentos. Maria amava a Cristo ainda mais do que ela amava sua irmã.

Amar a Deus, portanto, significa ser devoto a Jesus de todo o coração e com toda a vida. Esse é o mandamento mais importante, e logo em seguida vem o mandamento de amar as pessoas, servindo-as segundo suas necessidades.

Porém, será que alguém é realmente capaz de obedecer a esses dois mandamentos? Não é natural que os seres humanos amem a si mesmos (Efésios 5. 29)? Encontramos o segredo para amar a Deus e ao próximo em 1João 4. 19.

PENSE NISTO

Como o amor de Jesus por você pode ajudá-lo a amar menos a si mesmo e a amar mais a Deus e ao próximo?

Qual ordem é a mais dada na bíblia? (Resposta: "Não tenha medo". 365 vezes)

9
COMO ARRUMAR SEU QUARTO

> **1. Fazer a cama.** A colcha deve cobrir toda a cama. Apenas a camada superior deve aparecer.

Quando eu era criança, o meu quarto estava sempre bagunçado. Havia roupa jogada por todos os lados, controle remoto de televisão perdido debaixo da cama e sapatos e brinquedos espalhados pelo chão, que mal dava para ver.

Então, certa noite, algo aconteceu. O meu pai chegou do trabalho e não encontrou ninguém em casa. Todos tinham saído para resolver alguma coisa e alguém deixou a porta destrancada. Meu pai, então, abriu a porta do meu quarto, viu aquela bagunça terrível e, imediatamente, foi pegar o meu taco de beisebol, pois pensou que uma pessoa havia invadido a casa. *Fomos roubados!*, pensou!

Pouco tempo depois, chegamos, e eu precisei me explicar a ele. É claro que nossa casa *não tinha* sido roubada. Por isso, rapidamente meu pai elaborou uma lista para me ensinar como arrumar o meu quarto.

Já se passou cerca de trinta anos desde que tudo aconteceu – quando cheguei em casa e encontrei meu pai com um taco de beisebol na mão, soltando fogo pelas ventas. Mas, graças a ele, jamais esquecerei daquela noite (e também nunca me esquecerei daquela lista).

Quem tinha a cama mais comprida na Bíblia?

(Resposta: Ogue, rei de Basã, tinha uma cama de ferro de quatro metros de comprimento e um metro e oitenta centímetros de largura [Deuteronômio 3:11])

32

2. **Tudo tem o seu lugar e deve ser guardado nele.** O que pertence ao quarto deve ser organizado por categoria em lugar específico (livros devem ficar junto a outros livros, brinquedos com outros brinquedos etc.). Observação: Objetos só devem ser empilhados quando essa for a solução mais organizada para eles.

3. **Nada deve ficar no chão,** exceto os móveis, instrumentos musicais, equipamentos esportivos, sapatos (dispostos de maneira organizada e em pares) e outros itens, como plantas ou abajures, por exemplo. Nada além desses itens deve ser encontrado no chão.

6. **Não deve haver nenhum objeto de outro lugar no quarto.** Nada que pertença a outro cômodo da casa deve ficar no quarto, além do tempo em que esteja sendo utilizado (copos de água, ferramentas, bicicletas etc.).

4. **As roupas só podem ficar em quatro locais:** dentro do cesto de roupas sujas, penduradas no armário, dobradas dentro das gavetas ou separadas e estendidas para serem usadas no dia seguinte.

5. **Lixeira esvaziada e limpa.** As lixeiras pequenas do quarto devem ser esvaziadas na lixeira maior da cozinha ou na cesta grande de lixo do lado de fora.

10

COMO PODEMOS SABER QUE A BÍBLIA É VERDADEIRA

Manuscritos bíblicos

Platão viveu na Grécia aproximadamente 425 anos antes de Jesus. Ele foi aluno do lendário Sócrates e mais tarde deu aulas a outro professor mundialmente famoso: Aristóteles. Platão também foi o responsável por fundar a primeira universidade (a Academia de Atenas). Ele era muito bom em matemática e filosofia. Seus livros basicamente mudaram a maneira de pensar das pessoas desde então. Ele era um homem muito inteligente.

Ainda temos as cópias dos escritos de Platão em uma coleção chamada *Tetralogias*, que significa "Os quatro ensinamentos" (*Tetra* significa quatro em grego). A cópia, ou o "manuscrito" desse livro, foi copiada à mão em 895 d.C. Ou seja, cerca de 1.250 anos depois de Platão tê-lo escrito e 1.164 anos antes da invenção das copiadoras. Embora as *Tetralogias* tenham sido um "best-seller" na época de Platão, há apenas 210 cópias dos manuscritos antigos atualmente.

Esse número é muito melhor do que o do antigo historiador, Heródoto. Temos, hoje, 109 cópias da sua obra *Histórias*,

Platão: autor best-seller

e somente 96 cópias da *História da Guerra do Peloponeso*, de Tucídides. No entanto, mesmo o livro com o maior número de cópias antigas – a *Ilíada*, de Homero, com um pouco mais de 1.800 exemplares – não se compara com o Novo Testamento.

Confira o gráfico. Não é necessário sequer fazer as contas para ver que o Novo Testamento possui milhares de manuscritos! O gráfico apresenta só três tipos de manuscritos. Mas, se tentássemos contar todos os tipos existentes, levaríamos muito, muito tempo. Especialistas afirmam que há mais de 24.300 manuscritos do Novo Testamento; além dos que ainda estão sendo descobertos! Uma coleção tão grande de manuscritos só mostra que, por milhares de anos, Deus tem protegido sua Palavra. (Vire a página para descobrir o número total desse gráfico).

● ● ●

Leia o Salmo 12.6-7. Nessa passagem, Deus promete fazer algo por sua Palavra. Ele promete preservá-la.

século	papiro	unciais	minúsculos
2	4	-	-
2 e 3	2	-	-
3	45	2	-
3 e 4	13	2	-
4	18	16	-
4 e 5	8	9	-
5	5	42	-
5 e 6	3	11	-
6	12	54	-
6 e 7	8	5	-
7	8	30	-
7 e 8	1	6	-
8	2	25	-
8 e 9	-	3	-
9	-	58	14
9 e 10	-	2	4
10	-	17	140
10 e 11	-	11	18
11	-	2	425
11 e 12	-	1	42
12	-	-	549
12 e 13	-	-	41
13	-	-	563
13 e 14	-	-	40
14	-	-	522
14 e 15	-	-	8
15	-	-	240
15 e 16	-	-	5
16	-	-	148
16 e 17	-	-	1
17	-	-	48
17 e 18	-	-	-
18	-	-	17

Quem é a pessoa mais velha da Bíblia?

Resposta: Matusalém, 969 anos (Gênesis 5.27)

O grande número de manuscritos existentes revela que o Senhor, de fato, cumpriu a promessa.

Esses milhares de manuscritos também nos permitem saber exatamente o que a Palavra de Deus diz. Se compararmos todos eles, veremos que correspondem uns aos outros com quase 100% de precisão. Em cada um desses manuscritos, o texto é praticamente o mesmo.

Se isso não lhe parece impressionante, tente você mesmo. Pegue uma folha de papel em branco e copie à mão alguma página deste livro. Depois, peça a outra pessoa para comparar cuidadosamente a sua cópia com o texto original. Há uma boa chance de que, em alguma parte, você tenha pulado uma palavra ou uma linha.

Porém, na Bíblia, e em milhares de manuscritos, Deus preservou sua Palavra para seu povo com um cuidado admirável.

Você SABIA?

Há três tipos de manuscritos gregos:

1. Papiros: nomeados pelo tipo de papel em que estão escritos.

2. Unciais: manuscritos escritos apenas com letras maiúsculas.

3. Minúsculos: escritos apenas com letras minúsculas.

A página seguinte apresenta o manuscrito mais antigo do Novo Testamento. Ele foi copiado por volta de 125 d. C. – menos de trinta anos após o apóstolo João ter escrito o original! Ele é chamado P52 (o "P" é de *papiro*; "52" é o número do manuscrito) e contém parte do Evangelho Segundo João, capítulo 18. Ainda hoje, ele pode ser visto pessoalmente na *University of Manchester Library*, na Inglaterra.

Quantos manuscritos gregos do Novo Testamento existem?

Resposta: Papiro: 129; unciais: 296; minúsculos: 2.825, Total: 3.250

De João 18.31-33

(As letras em vermelho mostram as palavras escritas no manuscrito.)

os judeus, "Mas nós não temos o direito de executar ninguém", isso aconteceu para que se cumprissem as palavras que Jesus tinha dito, indicando a espécie de morte que ele estava para sofrer. Pilatos então voltou para o Pretório, chamou Jesus e lhe perguntou: "Você é o rei dos judeus?"

De João 18.37-38

(As letras em vermelho mostram as palavras escritas no manuscrito)

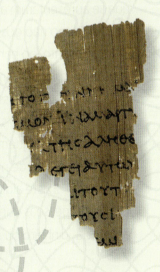

"Então, você é rei!", disse Pilatos. Jesus respondeu: "Tu dizes que sou rei. De fato, por esta razão nasci e para isto vim ao mundo: para testemunhar da verdade. Todos os que são da verdade me ouvem". "Que é a verdade?", perguntou Pilatos. Ele disse isso e saiu novamente para onde estavam os judeus e disse: "Não acho nele motivo algum de acusação."

11

COMO LER AS HISTÓRIAS DA BÍBLIA

Os heróis são legais. Quem não gosta dos Vingadores, do Batman, do Homem----Aranha ou da Viúva Negra? Eles usam roupas incríveis e têm carros fantásticos, além de identidades secretas, esconderijos e poderes extraordinários. Porém, a maioria deles também é composta por pessoas – imperfeitas e com passados sofridos – que se levantaram para enfrentar os desafios que se apresentaram a elas pelo bem dos outros. Como não gostar de gente assim?

No entanto, ao pararmos para refletir sobre o *porquê* gostamos de heróis, a resposta é clara: foi assim que Deus nos fez. O Senhor criou o ser humano para admirar e imitar alguém melhor do que a si próprio. Cada um de nós foi gerado para a adoração. Existe algo inexplicável que nos atrai a pessoas que têm poder, boa aparência, dinheiro ou influência. E, quando

procuramos na Bíblia, vemos que suas páginas estão repletas de diversos personagens admiráveis.

Quando estiver lendo a Bíblia, não tente simplesmente agir como as pessoas das histórias narradas ali. Deus não está contando acerca dos vários tipos de heróis que sempre dão conta dos desafios para salvar o dia. Ao contrário, o Senhor está nos mostrando que *ele* é o herói que salva aqueles que fazem coisas boas e más.

Por exemplo, quando lemos a respeito de Davi e Golias, devemos nos lembrar de que Davi (um menino que se tornaria rei) lutou em nome de todo o exército dos israelitas, que, naquele momento, sentia muito medo de ir à batalha (1Samuel 17).

Todavia, esse relato não foi escrito para que tentássemos imitar o rei Davi, mas para que aprendêssemos a confiar em um rei que lutará por nós. Anos mais tarde, outro rei – Jesus – lutaria uma guerra no lugar do povo do Senhor contra os seus maiores inimigos: o pecado, Satanás e a morte. Seja nos dias de Davi ou de Jesus, Deus sempre enviou um Salvador para resgatar seu povo fraco e pecador. E o nosso Salvador, Jesus (e não Davi), é o verdadeiro herói.

O que podemos dizer a respeito da história de Jonas? Ela fala de um profeta desobediente? Ou

seria sobre um peixe grande? Ou será a respeito de um Deus misericordioso que dá segundas (terceiras e quartas) chances a pessoas como Jonas, como o povo de Nínive e como você e eu? Quem é o herói dessa história?

E quanto à história de Marta e Maria? Seria Maria o bom exemplo a ser seguido e Marta o mau exemplo? Quem é o herói desse outro relato? Nele, de forma gentil, Jesus chama a atenção de Marta para o fato de que ela se interessava mais em fazer as obrigações da casa do que em ouvir seus ensinamentos. Ao ler a história procurando o verdadeiro herói, veremos que ela fala mais sobre o "gracioso Jesus" do que sobre a "Maria boazinha" ou a "Marta ocupada".

**VOCÊS ESTUDAM CUIDADOSAMENTE AS ESCRITURAS, PORQUE PENSAM QUE NELAS VOCÊS TÊM A VIDA ETERNA. E SÃO AS ESCRITURAS QUE TESTEMUNHAM A MEU RESPEITO!
JOÃO 5.39**

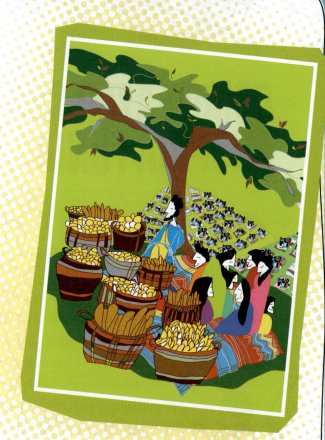

E o que você vê no relato da multidão de cinco mil pessoas que foram alimentadas (João 6)? Seria uma lição sobre generosidade ou um exemplo incrível do que Jesus pode fazer com o pouco que entregamos a ele?

Ao ler as histórias bíblicas, preste atenção nos homens e nas mulheres presentes nelas. Você encontrará bons e maus exemplos. Mas, acima de tudo, esteja atento para encontrar o maior herói de todos: o próprio Deus!

12
COMO FAZER SUA PRÓPRIA FUNDA

O livro de 1Samuel, capítulo 17, conta a história de como Deus usou um menino (Davi) para derrotar um gigante (Golias). Davi não usou uma arma de fogo, pois ela não havia sido inventada ainda. Ele também não usou uma lança ou um arco e flecha. Não, aquele jovem pastor de ovelhas usou algo chamada funda.

A funda de Davi era, provavelmente, apenas uma pequena bolsa de couro com uma tira amarrada em cada uma de suas extremidades. Era usado com uma mão só. Uma das tiras era amarrada em um dedo, enquanto a outra era amarrada entre o polegar e o indicador.

O objeto a ser lançado era colocado no centro da bolsa, que era, então, girada no ar com movimentos rápidos e circulares acima da cabeça do atirador. Uma vez que a funda tivesse atingido uma boa velocidade em sua rotação, a tira presa entre o polegar e o indicador era solta. E o objeto era arremessado pelo ar.

Se quiser ter uma ideia de como funciona uma funda, aqui está uma versão de brinquedo que você mesmo pode fazer e praticar.

Objetos de que você vai precisar: um elástico de borracha grande; uma bola de tênis (ou, melhor ainda, uma bola macia); e uma meia leve e longa, ou um daqueles sacos plásticos grandes.

1. Coloque a bola dentro da meia, até o fundo.

2. Segure a bola com firmeza no fundo da meia, enquanto amarra o elástico em volta da meia. Isso impedirá que a bola fique se movendo lá dentro, prendendo-a no fundo.

3. Segure a meia pela extremidade oposta à da bola. Gire a meia acima de sua cabeça e, então, solte-a para que a bola saia voando pelo ar.

Você precisará treinar por algum tempo para se tornar bom nos arremessos com a funda. Mas ele pode ser usado de várias maneiras. Pode ser arremessado por cima ou por baixo. Pode ser utilizado para brincar de pontaria com um amigo. Ou apenas para ver a distância ou altura até onde você consegue lançá-lo. Além disso, a funda pode substituir o disco para brincar.

Lembre-se: Tenha sempre muito cuidado ao usar a funda. Ele nunca deve ser carregado com objetos duros. Nem deve ser lançado na direção de uma pessoa ou animal. Fique sempre atento ao que está ao seu redor antes de usá-lo.

13

O QUE TODA CRIANÇA PRECISA

J. C. Ryle nasceu na Inglaterra em 1816. Quando jovem, ele adorava os esportes e a escola. Quando estava na faculdade de Oxford, Ryle fazia parte das equipes de remo e críquete. (Críquete é um esporte parecido com beisebol, mas as regras são mais difíceis de entender). Ele tornou-se cristão aos 22 anos e pastor alguns anos depois. Pelos 62 anos seguintes, Ryle trabalhou como pastor, autor e líder de igreja até um ano antes de morrer, aos 84. Um de seus livros, *Uma palavra aos moços*, tem mais de cem anos! Contudo, ele ainda oferece excelentes conselhos para meninos e meninas que desejam seguir Jesus. Aqui está uma pequena amostra do que Ryle disse:

1. *"Tente ter uma visão clara do pecado."*

Nada causou mais sofrimento, tristeza e dor no mundo do que o pecado. A Bíblia ensina que o pecado não apenas destruiu o mundo ao nosso redor, como também nos transformou. Não nascemos como pessoas neutras; nascemos com uma natureza que deseja se rebelar contra Deus. Ainda assim, o Senhor enviou Jesus para receber o castigo que nós merecíamos pela rebeldia. Isso mostra a gravidade dos nossos pecados: eles custaram a vida de Jesus Cristo. O pecado é terrível.

2. "Busque conhecer pessoalmente o Senhor Jesus Cristo."

Como Jesus entregou a própria vida para morrer pelos pecadores, Deus o honrou. Cristo foi exaltado e está sentado no trono do Pai, governando este mundo. A Bíblia inteira fala sobre Jesus. O Antigo Testamento profetiza sobre sua vinda e o Novo Testamento anuncia sua chegada. Ele é o fundamento da nossa fé, a Fonte de tudo de que realmente precisamos e aquele a quem sempre devemos recorrer ao precisarmos de ajuda.

PENSE NISTO

"Sábio é aquele que dispensa aquilo que não pode manter com o objetivo de ganhar o que não pode perder."

—Jim Elliot, mártir missionário

3. "Nunca se esqueça de que nada é tão importante quanto a sua alma."

Os seres humanos não são apenas animais mais desenvolvidos. Diferentemente das outras criaturas de Deus, os seres humanos viverão em algum lugar para sempre. A vida no planeta Terra é como se fosse um ensaio para a eternidade. Toda alma deve responder a esta pergunta fundamental: Onde você está se refugiando para escapar do castigo pelos seus pecados? Aqueles que se voltam para Cristo Jesus como seu refúgio e salvador encontrarão perdão, proteção eterna e alegria infinita em sua presença.

4. "Até para uma pessoa muito jovem, é possível servir a Deus."

Não precisa esperar até crescer para levar Deus a sério. Pense bem: você já sabia que algumas coisas eram certas (ou erradas) desde muito pequeno. Você é responsável, diante do Senhor, pelas suas palavras, ações e atitudes. Seguir a Jesus Cristo não é fácil, mas é o melhor caminho.

Peça a Jesus que o ajude a confiar nele e a obedecê-lo. Ele lhe concederá fé, e você aprenderá a viver como um de seus seguidores. E não vai se arrepender de andar com o Senhor.

5. "Enquanto viver, faça da Bíblia a sua força e o seu guia."

Para o cristão, a Palavra de Deus é alimento e fonte de vida espiritual. Ao ler a Bíblia, peça a Deus (ao Espírito Santo) que ensine a você. Separe tempo para ler a Bíblia regularmente. Ela é alimento diário, e também é uma luz que nos mostra qual caminho seguir.

14

FRASES BÍBLICAS FAMOSAS: AS VERDADEIRAS E AS FALSAS!

Recentemente, dois mil norte-americanos responderam a perguntas sobre a Bíblia. De todo o grupo, cerca de 1.760 (88%) deles disseram que possuem uma Bíblia. Porém, apenas 380 (19%) pessoas leem as Escrituras regularmente (pelo menos quatro vezes por semana).

Isso significa que, embora muitos afirmem: "Claro, conheço a Bíblia!", a maior parte deles, na verdade, não a conhece muito bem.

Não é nenhuma surpresa, portanto, que muitas pessoas sequer saibam que estão citando a Bíblia em suas conversas. O inverso também acontece, quando elas pensam estar citando a Palavra de Deus e, na realidade, não estão.

88% POSSUEM UMA BÍBLIA

APENAS 19% LEEM A BÍBLIA

47

FRASES E EXPRESSÕES BÍBLICAS

Frases e expressões da Bíblia

Se você conhece bem a Bíblia, reconhecerá as frases e expressões a seguir, muito usadas em conversas cotidianas. Todas as trinta declarações vêm diretamente da Bíblia.

não passam de um grão de areia Isaías 40.15

mosca morta. Eclesiastes 10.1

Um [bom] samaritano Lucas 10.30-37

o esforço motivado pelo amor 1 Tessalonicenses 1.3

sou eu o responsável por meu irmão? Gênesis 4.9

Olho por olho. Êxodo 21:24 & Mateus 5.38

toda a sua habilidade foi inútil. Salmo 107.27

seja o primeiro a atirar a pedra. João 8.7

nem atirem suas pérolas aos porcos. Mateus 7.6

Ofereça a outra face: se alguém o ferir na face direita, ofereça-lhe também a outra Mateus 5.39

Descanse, coma, beba e alegre-se. Lucas 12.19

Não passo de pele e ossos Jó 19.20

todos os que empunham a espada, pela espada morrerão. Mateus 26.52

Há maior felicidade em dar do que em receber. Atos 20.35

Paciência de Jó. Tiago 5.11

O orgulho vem antes da destruição. Provérbios 16.18

verão com os seus próprios olhos. Isaías 52.8

Cerrar os dentes Jeremias 31.30

menina dos teus olhos Salmo 17.8

eles são guias cegos Mateus 15.14

o sal da terra. Mateus 5.13

Como é estreita a porta, e apertado o caminho Mateus 7.14

num abrir e fechar de olhos 1Coríntios 15.52

a sabedoria de Salomão Lucas 11.31

escrever no reboco da parede Daniel 5.5

não há nada novo debaixo do sol. Eclesiastes 1.9

há um tempo certo para cada propósito debaixo do céu. Eclesiastes 3.1

o que Deus uniu, ninguém separe. Mateus 19.6

vestidos de peles de ovelha, mas por dentro são lobos devoradores Mateus 7.15

Pois o que o homem semear isso também colherá. Gálatas 6.7

FRASES E EXPRESSÕES QUE NÃO SÃO BÍBLICAS

As frases e expressões a seguir não são encontradas nas Escrituras.

"Deus ajuda quem cedo madruga."

Isso não está na Bíblia. Provavelmente, essa frase pertence a Esopo, um escritor antigo. Felizmente Deus ajuda pessoas necessitadas que, independentemente de "acordarem cedo" e se esforçarem, não conseguem suprir suas próprias carências.

"O dinheiro é a raiz de todos os males."

Primeira Timóteo 6.10 afirma que "*o amor ao dinheiro é raiz de todos os males*", e não que o dinheiro em si é a fonte de tudo o que é ruim.

"De grão em grão a galinha enche o papo."

Isso é um ditado popular.

"Acima de tudo, sê fiel a ti mesmo."

Essa expressão vem da peça de William Shakespeare, *Hamlet*.

"Isso também passará."

É verdade que um dia Deus fará tudo novo, criando novos céus e nova terra, mas essa frase não está na Bíblia.

"Não afaste a vara de seu filho."

A Bíblia ensina que os pais devem disciplinar seus filhos, mas esse ditado específico não está nas Escrituras.

"A limpeza está perto da divindade."

Deus não quer que você fique sujo e fedorento, mas – felizmente para algumas crianças – esse dito não está na Bíblia.

COMO LER A BÍBLIA TODOS OS DIAS

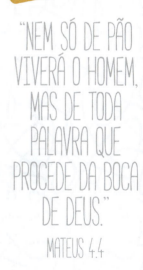

Por volta de 1452, o alemão Johannes Gutenberg imprimiu a primeira Bíblia, utilizando a inovadora prensa de tipos metálicos móveis. Pela primeira vez, as Bíblias não precisavam mais ser copiadas à mão. Esse novo tipo de impressão tornou as Escrituras mais acessíveis a pessoas comuns, uma vez que elas eram impressas e vendidas a preços mais baratos. Alimento espiritual para almas famintas.

Atualmente, a Bíblia já foi traduzida para mais de 2.500 idiomas. Existem muitas traduções diferentes disponíveis para os falantes de língua portuguesa. Da mesma forma que a comida nos permite viver e crescer fisicamente, a leitura bíblica nos dá o alimento necessário para crescermos espiritualmente.

Como, porém, podemos tornar a leitura bíblica uma atividade regular em nossa vida? **O mais importante não é a quantidade de leitura diária da Palavra, mas o quanto estamos sendo alimentados por essa leitura. É maravilhoso tentar dominar a Bíblia, mas é ainda melhor permitir que ela nos domine.**

"NEM SÓ DE PÃO VIVERÁ O HOMEM, MAS DE TODA PALAVRA QUE PROCEDE DA BOCA DE DEUS."
MATEUS 4.4

AQUI ESTÃO ALGUMAS DICAS PARA VOCÊ COMEÇAR:

1. Escolha uma boa tradução. Se você ainda não tem uma Bíblia, aqui estão algumas traduções (ou "versões") que o ajudarão em sua leitura:

- *A versão Almeida Corrigida Fiel (ACF) – esta é a versão que melhor aplica a correspondência formal e se baseia nos manuscritos principais.*
- *A Nova Versão Internacional (NVI) – é altamente legível. É descomplicada para seções longas de leitura.*
- *King James 1611 (KJV) – é uma versão reconhecida por sua beleza e estilo de linguagem.*
- *Nova Versão Transformadora (NVT) – é uma versão moderna e fácil de ler.*

2. Tenha um plano. Muitos cristãos colocam, entre suas metas de Ano Novo, a leitura da Bíblia inteira em um ano. É um excelente objetivo, embora não exista nenhum mandamento na Palavra Sagrada que nos aconselhe a ler seus sessenta e seis livros em doze meses. Porém, se você desejar encarar esse desafio, aqui estão algumas maneiras de ler a Bíblia em um ano (ou três).

A Bíblia contém 1.189 capítulos. Portanto, se você ler três capítulos por dia (3,25753424657534 capítulos, para ser exato), então terminará a leitura em 365 dias. Já se ler um capítulo por dia das Escrituras, você a finalizará em três anos.

COMA ESTE LIVRO

Quando comemos, nós a provamos, mastigamos, saboreamos e digerimos. O mesmo acontece com a Bíblia. Aqui estão algumas palavras em latim que descrevem o modo que devemos "comer" as Escrituras:

LECTIO ("Leitura" da Palavra)
semelhante a saborear a comida

MEDITATIO ("Meditar" na Palavra)
semelhante a mastigar a comida

ORATIO ("Orar" a Palavra)
semelhante a saborear a comida

CONTEMPLATIO ("Contemplar" a Palavra) semelhante a digerir a comida

Caso queira um conselho de por onde começar a leitura, sugiro o evangelho de Marcos, ou Salmos e Provérbios. Também pode ser interessante conferir o aplicativo *YouVersion*, ou outros que ofereçam ajuda na leitura da Palavra, usando o seu tablet ou celular.

3. Encontre um lugar e um horário.
Procure um lugar tranquilo em casa e um horário calmo em sua agenda para se concentrar na Palavra de Deus. Talvez esse local seja o seu quarto antes do café da manhã. Ou, quem sabe, na mesa da cozinha, mesmo em algum outro horário. É aconselhável desligar a televisão e

dispositivos eletrônicos (a menos, é claro, que esteja usando um aplicativo para a leitura bíblica). Encontre algo que funcione para você e continue firme

4. Peça ajuda a Deus. A Bíblia é o seu alimento espiritual, mas apenas o Senhor pode auxiliá-lo a digerir o que você comeu. Às vezes, a leitura bíblica parece entediante. No entanto, se Deus o ajuda a estudá-la, a Palavra Sagrada pode tornar-se fascinante. Por isso, ele nos deu a oração do livro de Salmos, capítulo 119. 18, que diz: "Abre os meus olhos para que eu veja as maravilhas da tua lei."

5. Leia de-va-gar. Não se apresse e use a mente para "mastigar" a Palavra de Deus. Observe cada passagem atentamente. Quando se lê muito rápido, é como disse o detetive Sherlock Holmes: "Você vê, mas não observa." Por isso, diminua o ritmo, fazendo perguntas sobre o que está lendo. Deste jeito: "Por que está dizendo isso?"; "O que isso significa?"; "Como posso fazer isso?". Não engula a Bíblia. Saboreie cada mordida.

6. Procure Deus. O objetivo principal da Bíblia não é ser o seu guia prático para a vida. Ela não é um livro de regras, ciências, história ou um conto de fadas.
A Palavra Sagrada foi escrita para revelar Deus – como ele é, o que ele fez e o quanto ele é incrível. É natural que você não entenda tudo que está na Bíblia. Portanto, quando estiver lendo, não fique tão preso em alguma passagem confusa a ponto de se esquecer de Deus! Tente aprender algo novo sobre ele todos os dias.

7. Escreva seus pensamentos. Quando terminar de ler e meditar sobre o texto, separe alguns minutos para registrar o que aprendeu durante a leitura. Você pode usar um bloco de anotações, um caderno ou até as notas do seu celular para escrever algumas frases sobre o que aprendeu. Você também pode simplesmente fazer uma lista com as características de Deus – uma pequena "biografia do Senhor" para aquele dia. Algumas pessoas gostam de registrar o que aprenderam durante a leitura bíblica diária em forma de uma oração dirigida ao Pai.

8. Reflita sobre o que aprendeu. Vale a pena reler as melhores reflexões ao final do dia. Por isso, leia de novo as anotações que fez. E peça a ajuda de Deus para entender e confiar em sua Palavra ainda mais do que antes. A Bíblia chama esse tipo de reflexão de "meditação". É como fazer um lanche bíblico. *Bon appétit!*

Bon appétit!

16

APRENDA O ALFABETO HEBRAICO

Qual foi o idioma utilizado por Moisés para escrever os primeiros livros do Antigo Testamento? Que idioma o rei Davi usou para escrever os Salmos?

(ray-SHEETH) BEGINNING

(bah-RAH) CREATE

(eh-lo-HEEM) GOD

A resposta é o hebraico. Para quem fala português, o hebraico é escrito "de trás para frente", do lado direito para o esquerdo da página. Na língua portuguesa, é claro, lemos da esquerda para a direita. (?uednetnE)

O Antigo Testamento é quase todo escrito em hebraico antigo. Apenas não estão em hebraico as seguintes passagens: Daniel 2.4 – 7.28; Esdras 4.8 – 6.18 e 7.12-26; Jeremias 10.11; e duas palavras em Gênesis 31.47. Elas estão escritas em um idioma parecido, chamado aramaico.

Originalmente, o alfabeto hebraico era composto por 23 consoantes – e nenhuma vogal! Os falantes de hebraico sabiam, automaticamente, quais vogais deveriam ser inseridas em quais palavras. Você acha que isso é possível? ss nnc fncnr! Sr lg mt, mt dfcl, vc n cncrd?

שָׁמַיִם
(shúhh-MAH-yim)
HEAVENS

אֶרֶץ
(ahr-ETZ)
EARTH

O hebraico não possui letras maiúsculas ou minúsculas. A primeira letra de uma frase ou de um nome, por exemplo, é do mesmo tamanho do resto das letras.

Contudo, o hebraico utilizado na Bíblia é diferente do hebraico moderno. Ele é conhecido como uma língua "morta". Chama-se assim porque ninguém fala mais esse idioma atualmente ou sabe como ele soava exatamente.

Agora tente isto: observe atentamente esta série de caracteres hebraicos e escolha as palavras hebraicas escritas na tabela a seguir. (Dica: leia Gênesis 1.1.)

LETRA	NOME	Semelhante em português
א	Alef	Não há equivalente em português; é uma letra sem som
ב	Bet	B de "bola"
ג	Gimel	G de "gato"
ד	Dalet	D de "dado"
ה	He	H de "House", o médico do seriado
ו	Vav	V de "vitória"
ז	Zayin	Z de "zebra"
ח	Heth	R de "carro"
שׂ	Shin	S de "sabiá"
י	Yod	Y de "yoga"
כ ou ך	Kaf	K de "ketchup"
ל	Lamed	L de "liberdade"
מ ou ם	Mem	M de "Maria"
נ ou ן	Nun	N de "navio"
ס	Samekh	S de "saudade"
ע	Ayin	A de "amor"
פ ou ף	Pe	P de "pássaro"
צ ou ץ	Tsadik	T de "tenda"
ק	Qoph	Q de "queijo"
ר	Resh	R de "rato"
שׂ	Sin	S de "serenidade"
שׁ	Shin	Sh como em "show"
ת	Tav	T de "toalha"

בראשית ברא אלהם את השמים ואת הארץ

17
SESSENTA E SEIS LIVROS EM UM

Você pode conhecer Marcos ou Rute, mas sabe sobre o que é o livro bíblico deles? Neste capítulo, veremos uma descrição rápida de todos os sessenta e seis livros da Bíblia.

O ANTIGO TESTAMENTO

HISTÓRIA (E LEI)

Gênesis - A história sobre como Deus criou o mundo, o modo como o pecado entrou nele e a maneira que o Senhor começou a resolver esse problema.

Êxodo - A história sobre como Deus libertou seu povo da escravidão no Egito.

Levítico - As leis que Deus deu ao seu povo para mostrar a eles como deveriam viver.

Números - Mais leis de Deus e histórias sobre como o povo não conseguiu obedecer aos mandamentos do Senhor.

Deuteronômio - Moisés conta novamente a história sobre o amor e a misericórdia de Deus pelo seu povo.

Josué - A história sobre como Deus deu ao seu povo a terra que havia prometido a ele.

Juízes - A história sobre como Deus levantou líderes para resgatar seu povo pecador por diversas vezes.

Rute - A história sobre como Deus amava Rute e a tornou parte de seu povo e parte do seu plano para enviar um Salvador.

1–2 Samuel - A história do profeta Samuel e sobre como Deus falou ao povo de Israel por meio dele.

1–2 Reis - A história sobre os reis bons e maus de Israel.

1–2 Crônicas - uma recontagem da história de como Deus amava seu povo, mesmo quando seus líderes o decepcionaram.

Esdras e Neemias - A história sobre como Deus levou seu povo de volta à terra que lhe tinha dado.

Ester - A história sobre como Deus protegeu seu povo quando foram prisioneiros na Babilônia.

POESIA E SABEDORIA

Jó - A história sobre como um homem aprendeu a confiar em Deus por meio de terríveis provações e muito sofrimento.

Salmos - Uma coleção de canções de adoração escritas pelo rei Davi e outros autores.

Provérbios - Provérbios de sabedoria escritos e reunidos pelo rei Salomão e outros autores.

Eclesiastes - Um livro que ensina como a vida sem Deus não tem sentido algum.

Cântico dos Cânticos - Uma linda canção de amor entre marido e mulher.

O ANTIGO TESTAMENTO

PROFETAS MAIORES ("MAIORES" PORQUE SEUS LIVROS SÃO MAIORES)

Isaías - Livro com alertas de Deus para que o povo abandonasse o pecado. Também contém a promessa de que o Senhor enviaria um Salvador.

Jeremias - Uma coleção de sermões com avisos de que o povo de Deus seria expulso da sua terra por causa da rebeldia e, um dia, levado de volta a ela.

Lamentações - Uma coleção de lamentos ("canções tristes"), por causa do pecado do povo e em razão da disciplina que receberam do Senhor.

Ezequiel - Uma coleção de sermões e visões que alertam e encorajam o povo pecador de Deus depois que eles foram expulsos da sua terra.

Daniel - Uma coleção de histórias que tem como objetivo ensinar sobre como Deus protege o povo dos inimigos.

PROFETAS MENORES ("MENORES" PORQUE OS SEUS LIVROS SÃO MAIS CURTOS)

Oseias - Uma coleção de histórias para nos ensinar sobre como Deus ama seu povo pecador.

Joel - Um sermão que avisa sobre o julgamento futuro de Deus e promete o derramamento do seu Espírito.

Amós - Uma coleção de sermões sobre o julgamento de Deus a respeito de todos os pecadores e um chamado para amarmos os pobres e cuidarmos deles.

Obadias - Um sermão contra aqueles que resistem a Deus e ao seu povo.

Jonas - A história sobre como Deus ama resgatar pecadores.

Miqueias - Um alerta contra aqueles que se agarram ao pecado e uma promessa de perdão às pessoas que abandonam os pecados.

Naum - Uma coleção de sermões contra pessoas orgulhosas e pecadoras.

Habacuque - Um sermão que incentiva as pessoas a confiarem em Deus, mesmo quando o mal parece estar vencendo.

Sofonias - Uma coleção de sermões sobre o futuro, quando Deus julgará os descrentes e salvará seu povo.

Ageu - Uma coleção de sermões sobre como o Senhor, um dia, virá ao mundo para habitar nele com seu povo novamente.

Zacarias - Sermões que encorajam o povo de Deus a crer que ele tem um plano futuro para todo aquele que confia nele.

Malaquias - Conjunto de sermões que acusam o povo de Deus de não amar ao Senhor de todo coração.

A SEGUIR:
O NOVO TESTAMENTO

O NOVO TESTAMENTO

EVANGELHOS

Mateus - A história, contada por uma testemunha que tudo viu, sobre a vinda de Jesus como o Rei prometido da linhagem de Davi.

Marcos - Uma história rápida sobre Jesus e sua vinda para nos salvar do pecado.

Lucas - Um relato detalhado de como Jesus alcançou aqueles que nada mereciam e entregou sua vida por eles.

João - O relato de uma testemunha ocular sobre o ministério de Jesus na Terra e sobre como ele nos ensinou sobre seu Pai.

HISTÓRIA

Livro de Atos - A história sobre como as boas-novas do evangelho de Jesus se espalharam pelo mundo conhecido.

AS EPÍSTOLAS ("CARTAS") DE PAULO ÀS IGREJAS

Romanos - Uma carta explicando como somos pecadores e como Deus nos trouxe um Salvador.

1Coríntios - Uma carta escrita para ajudar uma igreja cheia de problemas a confiar em Jesus e a amá-lo.

2Coríntios - Uma carta para ajudar a lembrar os cristãos de que Deus escolhe pessoas fracas para mostrar sua força por meio delas.

Gálatas - Uma carta que explica e defende o evangelho contra aqueles que tentam acrescentar a necessidade de "boas obras" para a nossa salvação.

Efésios - Uma carta que conta a incrível história sobre como o Senhor escolhe e redime seu povo e que, um dia, vai restaurar e unir todas as coisas em Jesus.

Filipenses - Uma carta que encoraja os cristãos a se alegrarem com as boas-novas do evangelho, mesmo em momentos difíceis.

Colossenses - Uma carta que ensina os cristãos a permitirem que seus pensamentos e sua vida sejam moldados pelas boas-novas a respeito de Jesus.

1Tessalonicenses - Uma carta para incentivar os cristãos a permanecerem firmes e amadurecendo em sua fé, mesmo quando isso é difícil.

2Tessalonicenses - Uma carta que lembra os cristãos de serem fiéis ao Senhor até a volta de Jesus.

EPÍSTOLAS ("CARTAS") DE PAULO A INDIVÍDUOS

1 Timóteo - Uma carta encorajando Timóteo a ser forte e a liderar sua igreja à luz das boas-novas sobre Jesus.

2 Timóteo - Uma carta para lembrar Timóteo de guardar as boas-novas.

Tito - Uma carta que alerta contra os falsos mestres.

Filemom - Uma carta para pedir que um cristão perdoe o outro.

O NOVO TESTAMENTO

EPÍSTOLAS ("CARTAS") GERAIS

Hebreus - Um sermão que explica como o Antigo Testamento aponta para Jesus.

Tiago - Uma carta encorajando os cristãos a expressarem sua fé amando as pessoas de maneiras práticas.

1Pedro - Uma carta para encorajar os cristãos que estão sofrendo a viverem vidas santas.

2Pedro - Uma carta alertando contra falsos mestres.

1João - Uma carta sobre como Deus nos amou primeiro ao nos enviar Jesus e como ele nos enche com seu amor para que possamos amar ao próximo e amar a verdade.

2João - Uma carta alertando contra falsos mestres.

3João - Uma carta para encorajar os cristãos a receberem as pessoas, principalmente os missionários.

Judas - Uma carta alertando a igreja contra falsos mestres.

TEXTOS APOCALÍPTICOS

Apocalipse - Visões de Deus que mostram como Jesus voltará um dia e vencerá a batalha contra o pecado, Satanás, o sofrimento e a morte.

18
BOAS FESTAS

Se você leu o Antigo Testamento, provavelmente encontrou algumas das 613 regras que Deus deu ao seu povo. Porém, você pode se surpreender, pois alguns desses mandamentos parecem dizer algo como: "Vamos festejar!"

Deus não queria que seu povo apenas cumprisse ordens – como robôs. Ele queria que as pessoas desfrutassem da sua presença – como uma família. Por isso, o Pai criou festivais, ou "dias de festa", para dar um descanso ao povo. Isso significa um tempo para que os filhos de Deus refletissem sobre tudo o que o Senhor havia feito por eles. Eram dias felizes e sagrados. Daí veio a palavra "festa", que usamos quando comemoramos algo.

O diagrama a seguir mostra os dias e as estações importantes do calendário utilizado pelo povo de Deus nos

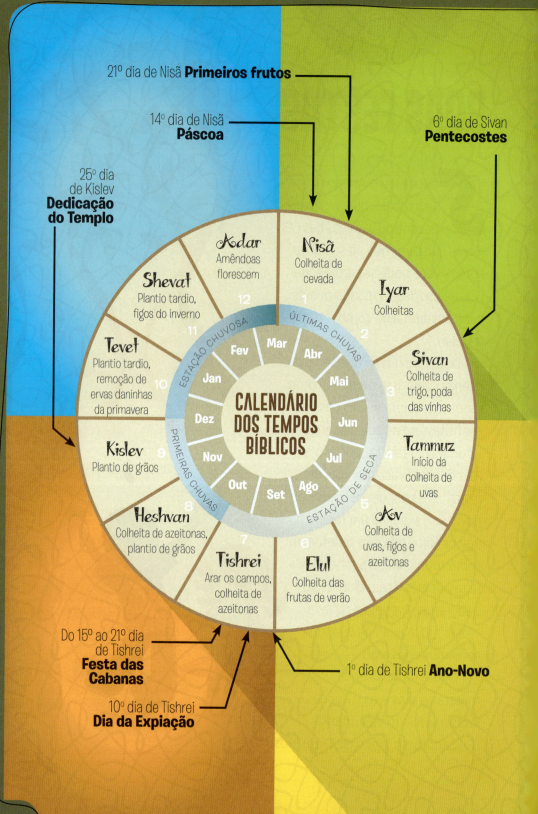

tempos bíblicos. Use o diagrama para responder às seguintes perguntas:

> Como era a vida dos agricultores no tempo da Páscoa?
>
> Quantos meses a mais o trigo levava para crescer em comparação à cevada?
>
> Quais itens da colheita poderiam ser consumidos em janeiro?
>
> Se você vivesse naquele tempo, qual teria sido o seu mês preferido do ano? Por quê?
>
> Em qual mês do calendário judaico é o seu aniversário?

Principais Feriados Judaicos

Nos tempos bíblicos, todo homem judeu devia viajar para a capital, Jerusalém, para três grandes festas anuais: a Páscoa, o Pentecostes e a Festa dos Tabernáculos. No entanto, o dia mais sagrado do ano não era uma festa, mas um jejum: o Dia da Expiação.

Dia da Expiação

O Dia da Expiação era tão sério que todos "jejuavam" – paravam de comer – a fim de se preparar para ele (Levítico 16.29-31). Nesse dia, o sumo sacerdote sacrificava um novilho pelo seu próprio pecado e pelo pecado da sua família. Depois, ele sacrificava um bode pelo pecado do povo de Deus. O Dia da Expiação mostrava tanto a santidade quanto a misericórdia de Deus. Todas as pessoas, até as mais

bondosas, precisam ter seus pecados perdoados.

Jesus, o principal sumo sacerdote, "não por meio de sangue de bodes e novilhos, mas pelo seu próprio sangue, ele entrou no Lugar Santíssimo, de uma vez por todas, e obteve eterna redenção." (Hebreus 9. 12).

Festa dos Tabernáculos

Cinco dias após o Dia da Expiação, Deus queria que seu povo celebrasse por sete dias (Êxodo 23. 16-17; 34. 22). Durante esses dias, os israelitas acampavam em tendas feitas de galhos de árvores (Levítico 23. 33-44). A Festa dos Tabernáculos era um tempo para que os israelitas se lembrassem de como o Senhor havia cuidado deles no decorrer dos quarenta anos em que viveram em tendas no deserto (Levítico 23. 43).

Eventualmente, essa celebração passou a incluir uma cerimônia de derramamento de água, que retratava como o Senhor havia fornecido água para seu povo no deserto.

No evangelho de João, Jesus levantou-se no sétimo dia da Festa dos Tabernáculos para anunciar que Deus estava, novamente, providenciando água para seu povo. Ele disse:

"'Se alguém tem sede, venha a mim e beba. Quem crer em mim, como diz a Escritura, do seu interior fluirão rios de água viva'. Ele estava se referindo ao Espírito, que mais tarde receberiam os que nele cressem (...)" (João 7. 37–39).

Páscoa Judaica

A Páscoa celebrava o tempo quando Deus libertou seu povo do Egito. Para essa festa, as famílias sacrificavam um cordeiro perfeito (Levítico 23. 5) e pintavam com sangue as laterais das portas de casa (Êxodo 12. 22). Durante a semana seguinte à Páscoa, Israel celebrava a Festa dos Pães Asmos. Essa festividade lembrava-os do tipo de pão que o povo de Deus comeu na noite em que foram libertados da escravidão no Egito.

No Novo Testamento, Jesus Cristo sacrificou a vida como o Cordeiro pascal (1Coríntios 5. 7). Ao entregar a vida, ele salvou o povo da morte eterna.

Pentecostes

Essa festa acontecia sete semanas após a Páscoa e celebrava as safras colhidas no final da colheita de cevada (Levítico 23. 15; Deuteronômio 16. 16). O objetivo da festa era agradecer a Deus por prover generosamente uma colheita abundante. O povo do

Senhor também expressava gratidão ajudando os necessitados (Deuteronômio 16.9–12).

O Novo Testamento ensina que, no Pentecostes, cinquenta dias após a ressurreição de Jesus, mais uma vez, Deus socorreu seu povo. Ele não ajudou apenas na colheita de grãos para os celeiros, mas também na colheita de homens e mulheres reunidos em seu reino por meio do seu Espírito Santo (Atos 2.1–11,41).

No Antigo Testamento, Deus ordenava que seu povo oferecesse sacrifícios. Esses sacrifícios mostravam que o pecado de alguém podia ser transferido e pago por outra pessoa: um substituto. No entanto, nenhum desses sacrifícios tinha poder para tirar verdadeiramente o pecado (Hebreus 10.4-11). Afinal, como um simples animal poderia ser substituto legítimo para um ser humano? Assim, os sacrifícios do Antigo Testamento mostravam que o povo do Senhor precisava de um substituto humano. Hoje, sabemos que o verdadeiro Cordeiro de Deus é Jesus Cristo. Aqui está uma lista dos diversos sacrifícios ordenados por Deus no Antigo Testamento.

HOLOCAUSTO
Dedicação – a queima de um animal inteiro mostrava o compromisso total para com Deus

O sacrifício de Jesus demonstrou compromisso total para com o Pai

OFERTA DOS MANJARES
Oferta – oferecer a Deus parte do que ele mesmo havia provido ao povo como um tributo de honra ao Senhor

O sacrifício de Jesus entregou tudo ao povo, sem reter coisa alguma

OFERTA PELO PECADO
Oferta – expressar alegria pelo relacionamento com Deus e com o povo

O sacrifício de Jesus restaurou o nosso relacionamento com o Pai

SACRIFÍCIO PACÍFICO
Perdão – substituição de um animal no lugar de um pecador para representar a purificação do pecado

O sacrifício de Jesus trouxe perdão para nossos pecados

OFERTA PELA CULPA
Restauração – a remoção da culpa frequentemente incluía fazer uma restituição, ou seja, uma devolução

O sacrifício de Jesus removeu nossa culpa

VIAGENS FAMOSAS NA BÍBLIA

Se você precisasse ir a qualquer lugar no Antigo Testamento, era bom que tivesse um bom par de sandálias. Viajar a pé era demorado, mas era a maneira mais comum de seguir viagem (Josué 1.3). Uma pessoa era capaz de caminhar a pé cerca de trinta quilômetros por dia.

Um pastor, no entanto, poderia passar um dia inteiro guiando um rebanho de ovelhas por apenas nove quilômetros. Caso a pessoa não quisesse caminhar, então o jumento era a segunda forma mais comum de transporte (Gênesis 22.3,5). O jumento podia andar, em um dia, cerca de 35 quilômetros.

Camelos e cavalos não eram muito usados como meio de transporte em Israel até muito mais tarde. Se, no entanto, a pessoa fosse rica e estivesse com pressa, existia a opção de uma carruagem

puxada por cavalos, que era capaz de percorrer mais de setenta quilômetros por dia.

Gênesis 37 fala sobre uma viagem feita a pé, quando Jacó enviou seu filho preferido, José, para encontrar os irmãos mais velhos. José viajou em direção ao norte de Hebrom (que ficava na parte sul de Israel) até Siquém (no centro de Israel), cobrindo mais de oitenta quilômetros. (Use um mapa impresso ou *on-line* para pesquisar lugares que ficam a oitenta quilômetros de onde você mora. Imagine o que teria que fazer para caminhar essa distância!) Quando não encontrou os irmãos em Siquém, José descobriu que eles haviam ido para Dotã, que ficava a mais vinte quilômetros de distância.

Usando o gráfico a seguir e as velocidades

Você SABIA?

A distância normal entre os dois pneus dianteiros dos carros de hoje é de quase um metro e meio. Nos tempos bíblicos, a distância entre rodas de carruagens e carroças era um pouco maior, chegando a quase dois metros.

As estradas principais de duas pistas em Israel tinham de três a cinco metros de largura, com faixas únicas menores de dois metros de largura. Atualmente, a largura de uma estrada de pista dupla comum tem cerca de oito metros.

(Antiga estrada de mão única)

(Estrada de mão dupla de hoje)

médias mostradas anteriormente, quanto tempo levaria para fazer essas viagens bíblicas a pé? E de carruagem? (Para se orientar, tente identificar as diferentes cidades, utilizando os mapas encontrados no final de alguma Bíblia.)

- A viagem de Jacó, a pé, de Betel até Harã (Gênesis 28–29)
- A viagem de Daniel de Jerusalém até a Babilônia (Daniel 1. 1–3)
- A viagem do rei Josias com seu exército, de Jerusalém até Carquemis (2Crônicas 35. 20–24)
- A viagem de Abraão, de Ur até Harã (Gênesis 11. 31–32)
- A viagem de Abraão, de Harã até Siquém (Gênesis 12. 1–7)
- A viagem que Jonas deveria ter feito de Jope até Nínive (Jonas 1. 1–3)

	Babilônia	Berseba	Betel	Carquemis	Damasco	Harã	Hebrom	Jericó	Jerusalém	Jopa	Nínive	Siquém	Ur
Babilônia	0	36	869	479	724	442	901	869	880	868	264	847	170
Berseba	930	0	58	484	206	549	28	61	47	62	752	78	1100
Betel	869	58	0	423	145	488	31	12	11	32	691	22	1039
Carquemis	479	484	423	0	278	65	455	423	434	366	285	401	649
Damasco	724	206	145	278	0	343	177	134	149	133	546	123	894
Harã	442	549	488	65	343	0	520	488	500	396	215	466	612
Hebrom	901	28	31	455	177	520	0	36	21	45	723	53	1071
Jericó	869	61	12	423	134	488	36	0	15	43	691	26	1039
Jerusalém	880	47	11	434	149	500	21	15	0	36	702	33	1050
Jopa	868	62	32	366	133	396	45	43	36	0	548	36	1038
Nínive	264	752	691	285	546	215	723	691	702	548	0	669	434
Siquém	847	78	22	401	123	466	53	26	33	36	669	0	1017
Ur	170	1100	1039	649	894	612	1071	1039	1050	1038	434	1017	0

20

ENCONTRANDO O CENTRO DO UNIVERSO

O Sol está no centro do sistema solar – aproximadamente 149.600.000 km da Terra. Quando tentamos compreender uma distância tão grande, é difícil assimilar a imensidão do espaço vazio entre o nosso mundo e o Sol.

Imagine colocar uma bola de basquete em uma das extremidades da quadra. Ela representaria o Sol. Em seguida, imagine colocar uma semente de gergelim ou um milho de pipoca (que tem cerca de 0,274 centímetros de diâmetro) na outra extremidade da quadra, na metade do caminho entre a linha do meio da quadra e o final. Essa é a Terra!

O Sol está incrivelmente distante de nós, e ainda assim ilumina todos os planetas e os mantêm em órbita. Ele também é gigantesco! Se você

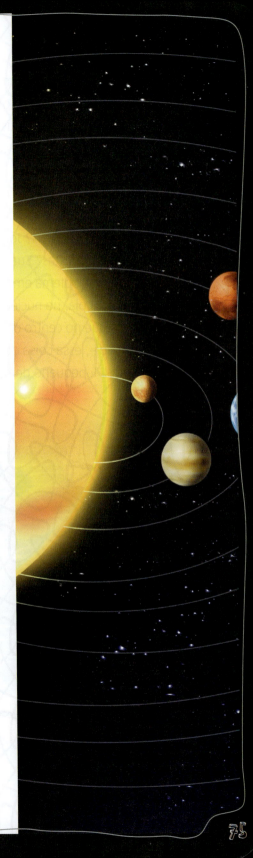

pudesse encher um balde bem grande com cada coisa que existe no sistema solar, o Sol, sozinho, ocuparia 99% do balde! Por causa dessa massa gigante, tudo o que existe no sistema solar gira em órbita ao redor dessa estrela amarela e flamejante. O Sol é o centro do nosso sistema solar.

Então, o que está no centro da sua vida? O que é maior e tem mais importância para você do que todo o resto e que faz a sua vida girar ao redor? Esportes? Livros? Jogos? Tecnologia? Sua aparência? Seus amigos? Suas conquistas? Sua família? Você mesmo?

Qual seria o problema em tentar colocar algo bom, como os esportes ou a escola, no núcleo da vida? O problema é: não importa o que você coloque no centro da sua vida – ainda que seja extremamente bom ou valioso –, essa coisa ou pessoa não foi criada para ocupar esse espaço central. É pequeno demais; não há massa suficiente.

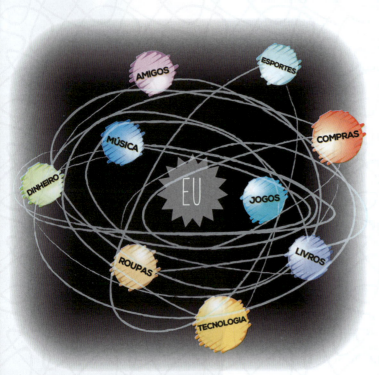

Caso você considere, por exemplo, seus amigos a coisa mais significativa da sua vida, em algum momento eles o decepcionarão. Foi Deus quem deu tudo o que temos de bom. No entanto, o Senhor não presenteou você com amigos para que eles ocupassem o centro da sua vida (Salmo 20. 7–9).

A Bíblia diz que apenas o próprio Deus é grande o bastante para estar no centro de nossa vida. Quando ele ocupa o centro do seu universo, todos os "planetas" são mantidos em seus lugares adequados. Dessa forma, você pode desfrutar dos amigos, dos esportes, da escola e da tecnologia. Tudo isso pode decepcioná-lo em algum momento. Mas, se Deus for o mais importante para você, então perder todas essas coisas boas pode até machucá-lo, mas não conseguirá destruir sua vida (Habacuque 3. 17–19).

"Deus no centro de todas as coisas" é o que a Bíblia também chama de "glorificar a Deus", ou "magnificar a Deus". Isso significa que você reconhece quão grande e imensamente bom o Senhor é (Jeremias 10. 6).

Eis uma forma de viver com o Criador no centro do seu universo: quando você gostar de algo, agradeça a Deus por isso. Ao agradecê--lo, está reconhecendo que ele é a Fonte daquilo que você gosta. Ou seja, foi Deus que criou os esportes, as pernas fortes, a boa comida, as histórias emocionantes

> "DEUS É MAIS GLORIFICADO EM NÓS QUANDO ESTAMOS MAIS SATISFEITOS NELE."
> — JOHN PIPER

> "A VIDA NÃO É SOBRE VOCÊ. A VIDA É SOBRE DEUS E O QUE ELE ESTÁ FAZENDO."
> — ERIC SIPE

e os grandes amigos. Não desfrute do calor que vem do Sol e se esqueça da verdadeira fonte de luz: Jesus! Sinta o calor do Sol todos os dias e agradeça ao Senhor por ele!

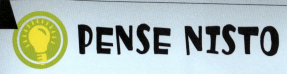

PENSE NISTO

O UNIVERSO É GRANDE, MAS DEUS É MAIOR

A sonda espacial Voyager 1 está viajando no espaço sideral a uma velocidade de 62 mil km/h. Para colocarmos em perspectiva, aviões comerciais voam a cerca de 900km/h. Ou seja, a velocidade da sonda espacial é cerca de setenta vezes mais rápida do que a de um avião. Nessa velocidade da sonda espacial, você seria capaz de viajar de Nova York para Los Angeles em 4 minutos e 40 segundos.

A 62.000 km/h, levaria um pouco mais de seis horas para a sonda chegar à Lua, que está a 384.400 km da Terra. E levaria cerca de 52 dias para alcançar Marte. Se você quisesse visitar Saturno, seria bom pedir que alguém cuidasse do seu animal de estimação, pois essa viagem duraria 4 anos e 9 meses. A Voyager 1 foi lançada em 1977, e, agora, depois de viajar tão rápido por mais de quarenta anos, ela aproximou-se do limite do nosso sistema solar.

Mas não vamos parar por aí. Você sabe quanto tempo levaria para chegar até a *Proxima Centauri*, a estrela mais próxima do nosso sistema solar? Mesmo a uma velocidade absurda, como 62.000 km/h, essa viagem demoraria 80 mil anos!

Ao ampliar os limites da nossa mente e das distâncias que conhecemos, você percebeu que uma única viagem pela Via Láctea levaria 26 bilhões de anos? Mais um número maluco: estima-se que o universo possui 200 bilhões de galáxias. Uau!

O nosso Senhor é o Deus que criou todas essas coisas. No entanto, ainda mais alucinante do que tudo isso é o fato de que esse mesmo Deus tão poderoso sabe o número exato de fios de cabelo da sua cabeça (Mateus 10.30).

Quando, porém, pensamos sobre essas coisas, o Senhor não deseja que tenhamos medo (Lucas 12.7). Esse Deus infinitamente poderoso é o seu Pai; ele cuida de você, o filho dele (Mateus 7.11). Em comparação com o Criador e com o universo, nós, humanos, somos muito pequenos. Ainda assim, Deus sacrificou seu Filho amado para nos conduzir a ele a fim de que possamos desfrutar da sua presença para sempre (1Pedro 3.18).

21
O QUE FAZER QUANDO ESTAMOS COM MEDO

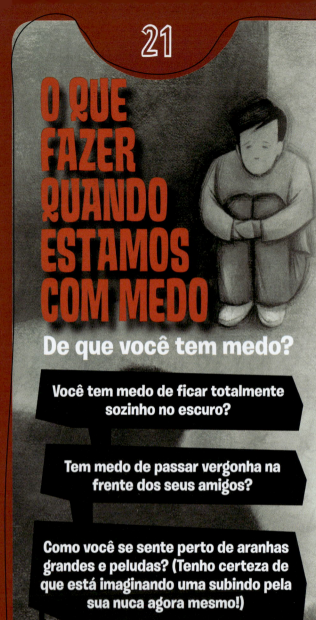

De que você tem medo?

- Você tem medo de ficar totalmente sozinho no escuro?
- Tem medo de passar vergonha na frente dos seus amigos?
- Como você se sente perto de aranhas grandes e peludas? (Tenho certeza de que está imaginando uma subindo pela sua nuca agora mesmo!)

Provavelmente você já sabe que a Bíblia ensina repetidamente que não devemos ter medo. Porém, pode ser novidade para você que, junto às ordens para não temermos, a Palavra Sagrada ensina sobre algo que *devemos* temer! Sabe o que é?

A resposta é Deus.

Temer ao Senhor significa se maravilhar com ele e viver sob a realidade de que ele é Deus (e você não). E esse "temor ao Senhor" o ajudará a não sentir medo. É assim que funciona. Quando você está com medo, as coisas que teme (amigos, aranhas, quartos escuros etc.) se tornam muito grandes em sua mente, enquanto Deus se torna pequeno. Reflita sobre o que as Escrituras ensinam sobre sentir medo e ser temente a Deus:

"Não tenham medo dos que matam o corpo, mas não podem matar a alma. Antes, tenham medo daquele que pode destruir tanto a alma como o corpo no inferno." (Mateus 10. 28)

"Mas eu, quando estiver com medo, confiarei em ti." (Salmo 56:3)

"Por isso não tema, pois estou com você; não tenha medo, pois sou o seu Deus. Eu o fortalecerei e o ajudarei; eu o segurarei com a minha mão direita vitoriosa." (Isaías 41.10)

"Digam aos desanimados de coração: 'Sejam fortes, não temam! Seu Deus virá, virá com vingança; com divina retribuição virá para salvá-los.'" (Isaías 35. 4)

"O SENHOR é a minha luz e a minha salvação; de quem terei temor? O SENHOR é o meu forte refúgio; de quem terei medo?" (Salmos 27. 1)

Em outras palavras, a Bíblia ensina o seguinte: quando os seus medos forem grandes, volte seu coração para Deus, que é ainda maior.

É claro que pensamentos de medo podem surgir na mente, mesmo que você não deseje isso. Todo mundo experimenta o medo. Mas, quando esse sentimento vier, lembre-se de que o Senhor está perto. Peça que ele o ajude a se lembrar do quanto o ama e do quanto ele é forte. Quando estiver com medo, tema ao Senhor.

COMO MEMORIZAR QUALQUER COISA

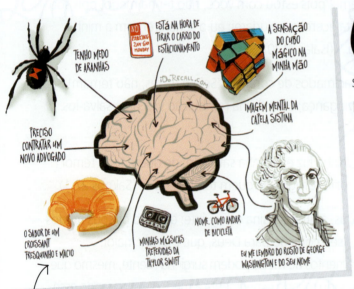

O tempo que gastamos para pensar não é tempo perdido. Deus sempre desejou que os seus filhos usassem a mente que ele lhes deu. Por mais de cem vezes, a Bíblia nos lembra que devemos pensar, não nos esquecer e memorizar. Alguns desses versículos são citados a seguir.

O que, então, você pode fazer para ajudar a fixar as coisas em sua mente? Algumas pessoas (cerca de 1 entre 100) têm "memória fotográfica". Isso significa, basicamente, que elas se lembram de tudo o que veem. Porém, a maioria de nós não possui uma mente tão incrível. Então, precisamos encontrar outras formas de evitar que fatos e acontecimentos sejam esquecidos. Aqui estão algumas dicas de como se lembrar das coisas:

Combine fatos não relacionados.
Imagine que sua mente é uma mochila. Você não usaria uma mochila e tentaria, ao mesmo tempo, carregar mais trinta objetos nas mãos. Se, entretanto, você guardar todos esses itens dentro da mochila, será capaz de levar todos eles de uma só vez.

É mais fácil relembrar novos fatos quando os conectamos a coisas que já conhecemos. Por exemplo, você se lembra das cores do arco-íris na ordem certa? A ordem é: vermelho, laranja, amarelo, verde, azul, anil e violeta. Ficaria mais fácil de lembrar dessa ordem se você criasse uma frase com as iniciais de cada cor, como, por exemplo: Vovó lava a varanda ao anoitecer vistoso (V, L, A, V, A, A, V).

Crie uma imagem mental. Esse é outro truque de memória que você pode tentar. Ao tentar guardar o nome de alguém, por exemplo, ligue esse nome a algo que tenha notado nessa pessoa. Provavelmente, será mais fácil lembrar o nome de uma menina chamada Clara que tenha a pele bem branca.

Ouça, ó Israel: O SENHOR, o nosso Deus, é o único SENHOR. Ame o SENHOR, o seu Deus, de todo o seu coração, de toda a sua alma e de todas as suas forças. Que todas estas palavras que hoje lhe ordeno estejam em seu coração. Deuteronômio 6.4-6

Meu filho, não se esqueça da minha lei, mas guarde no coração os meus mandamentos. Provérbios 3.1

Lembre-se de Jesus Cristo, ressuscitado dos mortos (...). 2Timóteo 2.8

Não se lembram de que, quando eu ainda estava com vocês, costumava falar essas coisas? 2Tessalonicenses 2.5

Lembrem-se das palavras que eu disse: Nenhum escravo é maior do que o seu senhor. João 15.20

Eu me empenharei para que, também depois da minha partida, vocês sejam sempre capazes de lembrar-se destas coisas. 2Pedro 1.15

Qual é o versículo mais curto da Bíblia?
Resposta: "Jesus chorou." (João 11.35)

Escreva. Quando se trata, por exemplo, de memorizar versículos bíblicos, escreva-os em uma folha. Depois, escreva apenas as primeiras letras de cada palavra no verso da folha. Não tente memorizar a lista de letras. Em vez disso, apenas olhe de relance para elas quando não conseguir se lembrar das palavras que vêm a seguir. As letras vão se relacionar automaticamente às palavras do versículo sem que você precise lê-lo.

Como é feliz aquele que não segue o conselho dos ímpios, não imita a conduta dos pecadores, nem se assenta na roda dos zombadores! Ao contrário, sua satisfação está na lei do SENHOR, e nessa lei medita dia e noite. É como árvore plantada à beira de águas correntes: Dá fruto no tempo certo e suas folhas não murcham. Tudo o que ele faz prospera! Salmo 1.1–3

FRENTE

VERSO

Salmo 1.1–3
1. Cefaqnsocdi, niacdp, nsanrdz;
2. Ac, ssenlds, enlmden.
3. Écapabdac: Dfntcesfnm. Toqefp.

Não se esqueça de lembrar. Depois de ler a Bíblia, você não conseguirá se lembrar de tudo o que leu. Mas, pelo menos, busque guardar na mente como a Palavra de Deus respondeu às seguintes perguntas:

- Como Deus é?
- O que o Senhor fez por você?
- O que Deus prometeu a você?

SALMOS — COISAS A SEREM LEMBRADAS
Se você quiser participar de um desafio, tente memorizar o primeiro capítulo do livro de Salmos, e também os capítulos 23 e o 100. (Veja quanto tempo você leva para memorizar um salmo quando o lê lentamente, em voz alta, cinco vezes por dia.)

Qual é o versículo mais longo da Bíblia?

Resposta: Ester 8.9 tem 77 palavras. "Isso aconteceu no dia vinte e três do terceiro mês, o mês de sivã. Os secretários do rei foram imediatamente convocados e escreveram todas as ordens de Mardoqueu aos judeus, aos sátrapas, aos governadores e aos nobres das cento e vinte e sete províncias que se estendiam da Índia até a Etiópia. Essas ordens foram redigidas na língua e na escrita de cada província e de cada povo, e também na língua e na escrita dos judeus."

23

A MISSÃO (NÃO TÃO) SECRETA DE DEUS

Você sabia que, atualmente, Deus está envolvido em uma missão importante? É a mesma missão de muito tempo atrás. **A MISSÃO MAIS IMPORTANTE DE DEUS: Espalhar sua glória ao redor do mundo para que pessoas de todas as nações possam conhecê-lo e desfrutar da sua presença.**

No começo da história, Deus criou Adão e Eva "à sua imagem". Isso significa que, de alguma maneira, eles eram parecidos com o Senhor da mesma forma que alguém pode dizer a você: "Você se parece com a sua mãe (ou seu pai)." Deus, então, ordenou que Adão e Eva enchessem a Terra de pessoas – filhos e netos – que também seriam parecidos com Deus (Gênesis 1.27-28). A partir daí, todos eles se juntariam à missão do Senhor de espalhar reflexos da sua glória pelo mundo.

Contudo, Adão e Eva recusaram a missão

PENSE NISTO

"Deus tinha um único Filho e fez dele um missionário."
—David Livingstone

"Espere grandes coisas de Deus. Tente fazer grandes coisas por Deus."
—William Carey

de Deus. Eles decidiram não seguir ou ouvir a Deus (a Bíblia chama isso de "pecado"). Diante disso, tudo virou um caos. Todo ser humano nascido desde então continua refletindo a imagem de Deus, mas nós também refletimos a nossa própria imagem e empreendemos nossas próprias missões, em vez de cumprirmos a do Senhor.

Além disso, por causa do pecado, outras coisas ruins aconteceram (e continuam acontecendo!): brigas, mentiras, inveja, guerras, doenças, morte. Em vez de a terra ser preenchida pela glória do Criador, ela passou a transbordar pecado e sofrimento. No entanto, Deus tinha um plano surpreendente.

De todas as pessoas que viviam na Terra, o Senhor escolheu uma família para cumprir sua missão. A mesma missão com um novo começo. Deus escolheu Abrão (mais tarde conhecido como Abraão) para se tornar o líder de um novo povo – o povo de Deus. O Senhor ensinaria às pessoas que compunham esse povo como o Criador era e como elas deveriam refletir sua glória. Deus usaria Abraão e sua descendência para espalhar sua glória e abençoar todas as nações do mundo (Gênesis 12. 1–3).

Infelizmente, Abraão e seus descendentes (os israelitas) não refletiram a glória de Deus como deveriam. Eles espelharam sua própria sujeira e pecado. Mesmo após Deus dizer a eles como viver corretamente, desobedeceram às leis do Senhor. Será que a missão de Deus estava destinada ao fracasso?

Não, a missão de Deus não estava destinada a fracassar, pois tudo o que ocorreu fazia parte de um plano. Muitos séculos se passaram até que, um dia, nasceu um israelita que sempre amou a Deus e também amou as pessoas de maneira impecável. Ele sempre quis fazer as coisas segundo a vontade de Deus. Podemos dizer que ele era um "novo" Adão, pois era o reflexo perfeito de Deus. O seu nome, claro, é Jesus.

Foi Jesus Cristo quem cumpriu a missão do Criador. Ele viveu a vida que nós jamais poderíamos viver e experimentou a morte que merecíamos. E, ao morrer, ele tirou todos os pecados do povo de Deus. Quando ressuscitou dos mortos, Cristo venceu a morte para sempre! E a sua ressurreição é a garantia de que nossos pecados estão realmente perdoados. Graças à missão bem executada por Jesus, todos os seus seguidores fazem parte, agora, de uma nova criação que reflete sua glória.

Ainda hoje Jesus ordena que seus seguidores levem a bênção do Senhor a todas as nações da Terra (Mateus 28. 18-20). E, um dia, Deus terminará essa missão. "Mas a terra se encherá do conhecimento da glória do SENHOR, como as águas enchem o mar."

O QUE É A GLÓRIA DE DEUS?

A "glória" de algo é aquilo que o torna especial. A glória do monte Evereste é sua altura (o Evereste é a montanha mais alta que existe). A glória da baleia-azul é seu tamanho (ela é o maior animal do mundo).

O que é, então, a glória de Deus? A glória de Deus é sua "divindade". Não existe outro Deus. Ele é o único! E ele é muito bom em desempenhar esse papel. Deus é o mais amoroso, o mais misericordioso, o mais gracioso e o mais correto.

Veja como Deus descreve a si mesmo: "SENHOR, SENHOR, Deus compassivo e misericordioso, paciente, cheio de amor e de fidelidade, que mantém o seu amor a milhares e perdoa a maldade, a rebelião e o pecado. Contudo, não deixa de punir o culpado (...)" (Êxodo 34.6-7).

Quando, portanto, Deus mostra sua glória, ele está nos convidando para ver, admirar e desfrutar quem ele realmente é: incrivelmente bom, amoroso, gracioso e verdadeiro.

Monte Evereste

(Habacuque 2.14).

Quando isso acontecer, o povo de Deus exclamará: "Missão cumprida!"

"(...)Tu és digno de receber o livro e de abrir os seus selos, pois foste morto e com teu sangue compraste para Deus gente de toda tribo, língua, povo e nação. Tu os constituíste reino e sacerdotes para o nosso Deus, e eles reinarão sobre a terra." (Apocalipse 5.9–10)

ø ø ø

Você é filho de Deus? Então ele tem uma missão para você. E é a mesma missão dele mesmo: refletir a sua glória e compartilhar as boas-novas sobre Jesus. Aqui estão três sugestões simples de como você pode começar a fazer isso:

1. **Ore** (Efésios 6.19; Colossenses 4.3–4; Romanos 10.1)
2. **Ame as pessoas** (João 4.1-42; 13.34-35; Atos 16.13)
3. **Conte a elas sobre Jesus** (Mateus 28.19-20; Atos 8.4)

COMEÇANDO SUA MISSÃO!

24
MULHERES QUE DERAM A VIDA POR CRISTO

Amy Carmichael

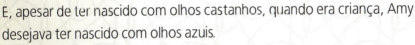

Nascida em 1867, Amy Wilson Carmichael cresceu em uma família cristã na Irlanda. Era a mais velha de oito filhos. E, apesar de ter nascido com olhos castanhos, quando era criança, Amy desejava ter nascido com olhos azuis.

Os olhos de Amy não eram o seu único problema. Ela sofria de neuralgia, uma doença dolorosa que afeta os nervos do corpo. Às vezes, Amy não conseguia sair de casa durante semanas. Além disso, quando ela tinha 18 anos, seu pai faleceu.

Mas, nada disso a impediu de ajudar as pobres meninas que ela observava saindo para trabalhar nas usinas e fábricas da cidade. Elas precisavam de ajuda e precisavam de Jesus. Amy, então, começou a dar aulas dominicais para ensinar sobre o evangelho àquelas meninas. Com o tempo, suas aulas cresceram tanto que ela estava lecionando para mais de quinhentas pessoas!

Quando estava com vinte anos, Amy ouviu a pregação de Hudson Taylor, famoso missionário na China. Deus usou a mensagem de Hudson para despertar em Amy o desejo de ser missionária. Ela, porém, não sabia para onde o Senhor a enviaria. A princípio, pensou que Deus a estava enviando para a China, mas isso não deu certo.

Então, ela viajou para o Japão. Mas, lá, Amy ficou tão doente que precisou voltar para a Irlanda. Depois de se recuperar, passou um tempo fazendo missões no Sri Lanka, mas adoeceu novamente. Porém, dessa vez, ela não voltou para casa. Em vez disso, recuperou sua saúde e suas forças na Índia, país vizinho de onde estava. E foi para esse país que o Senhor a guiou para servir como missionária pelo resto da vida.

No período em que viveu na Índia, Amy viu, mais uma vez, meninas que precisavam de ajuda e de Jesus. Aquelas meninas eram feridas e maltratadas, servindo como escravas em templos hindus. Certo dia, uma menina chamada Preena conseguiu fugir de um templo e correu até Amy, em busca de proteção. Preena subiu no colo de Amy e a chamou de "ammai", que significa "mãe". Anos mais tarde, Preena contou sobre quando conheceu Amy. Ela disse:

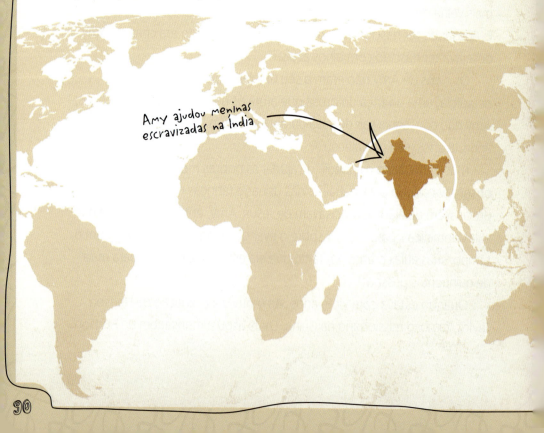
Amy ajudou meninas escravizadas na Índia

"A nossa preciosa 'ammai' estava tomando café da manhã. Quando me viu, a primeira coisa que ela fez foi me colocar no colo e me dar um beijo. Pensei: 'A minha mãe costumava me pegar no colo e me beijar. Quem é essa mulher que me beija como a minha mãe fazia?' Daquele dia em diante, ela se tornou a minha mãe, de corpo e alma."

Amy continuou ajudando as meninas escravas, muitas vezes colocando a própria vida em risco para resgatá-las. Como uma espiã, ela disfarçava-se de indiana para conseguir entrar nos templos hindus. Amy vestia-se com roupas tradicionais da Índia e escurecia a pele com café para poder resgatar secretamente as meninas escravizadas.

E foi assim que ela se deu conta de que Deus tinha lhe dado olhos da cor certa – o castanho é a cor de olho mais comum no povo indiano. Seus olhos castanhos permitiram que ela conseguisse se misturar ao povo de lá para poder realizar missões secretas de resgate. Olhos azuis teriam revelado sua verdadeira identidade.

Em pouco tempo, ela estava cuidando de muitas meninas. E, logo, elas também passaram a amar Amy de todo o coração. Entretanto, a vida naquele país não era fácil. Afinal, havia diversas bocas para alimentar e bastantes perigos ao redor. Amy precisou abrir mão do conforto, dos amigos, dos planos e do próprio tempo.

Certa vez, ela recebeu uma carta de outra mulher que desejava saber como era a vida de uma missionária. Aqui está o que Amy respondeu: "A vida missionária é simplesmente uma chance de morrer." Ela estava entregando toda a vida para seguir a Jesus, que disse: "Se alguém quiser acompanhar-me, negue-se a si mesmo, tome a sua cruz e siga-me" (Marcos 8.34).

Quando estava com aproximadamente 65 anos, Amy caiu, quebrou a perna e machucou gravemente a coluna. Por causa disso, ela precisou passar grande parte dos 19 anos restantes de vida em uma cama. Contudo, até mesmo esses anos de dor foram gastos para ministrar outras pessoas.

Amy escreveu 16 livros e reescreveu outros que havia escrito quando era mais jovem. Um de seus livros mais famosos tem um título bem simples: *If* ("Se", em tradução livre). É uma coleção de pensamentos devocionais, cada um deles terminando com a mesma frase: "então eu nada sei sobre o amor do Calvário". Aqui está uma amostra do livro:

> **Se** eu pedir para ser livre das tribulações em vez de pedir para ser liberta por meio delas, para o louvor da sua glória; **se** eu me esquecer que o caminho da Cruz leva à Cruz e não a um jardim florido; **se** eu conduzir a minha vida, ou até mesmo inconscientemente os meus pensamentos de maneira que possa me surpreender quando o caminho estiver difícil e estranhar isso, embora a Palavra afirme: "não se surpreendam, considerem motivo de grande alegria", **então** eu nada sei sobre o amor do Calvário.

Amy morreu na Índia, em 1951, aos 83 anos. Sobre o seu túmulo, há uma piscina para pássaros e, nela, está escrita uma palavra: "Ammai".

LOTTIE MOON

"Eu gostaria de ter mil vidas para que pudesse entregá-las pela China."
—*Lottie Moon*

Essas são as palavras radicais de Charlotte ("Lottie") Moon, nascida em 1840, na Virgínia.

As pessoas lembravam-se de Lottie como uma menina pequena e cheia de energia. Ela também era muito inteligente. Aprendeu seis idiomas estrangeiros: hebraico, grego, latim, italiano, francês e espanhol. Foi criada em uma família cristã e converteu-se quando cursava a faculdade. Depois disso, cada centímetro dos seus 1,30m de altura foram gastos para servir ao seu Salvador, em missões.

Lottie, então, chegou à costa da China na esperança de compartilhar o evangelho com mulheres chinesas. No entanto, em vez de viajar por aquele país na função de evangelista, como ela esperava, Lottie viu-se presa em uma sala de aula para lecionar a cerca de quarenta alunos indisciplinados.

Porém, isso não impediu Lottie. Mesmo enquanto servia como professora, ela desejava fazer mais para espalhar as boas-novas do evangelho. Por isso, Lottie resolveu usar uma caneta para escrever dezenas de cartas e artigos que incentivavam outras pessoas a se tornarem missionárias. (O livro que contém todas as suas cartas compiladas tem mais de 400 páginas!)

E Deus usou as palavras fortes de Lottie para sacudir muitos homens e muitas mulheres para agirem no serviço da causa de Cristo. Ela escreveu: "Não se pode deixar de perguntar, infelizmente: por que o amor às riquezas é maior do que o amor às almas? A quantidade de homens trabalhando em minas de ouro, procurando encontrá-lo... é mais do que o dobro de homens representando a Cristo! Que lição sobre a qual devemos refletir!"

Suas cartas e seus artigos ajudaram a dar início a uma oferta anual de Natal antecipada aos missionários. Em seu primeiro ano, foram arrecadados 3.315 dólares, quantia suficiente para enviar três missionários à China. (Desde então, mais de 3 bilhões de dólares já foram arrecadados para missões.)

Depois de algum tempo, Lottie finalmente conseguiu viajar para a área central da China, onde serviu sozinha como testemunha cristã. Ela passava o dia inteiro falando sobre Jesus e milhares de pessoas se aproximavam dela para ouvi-la.

Em 1889, Lottie escreveu: "Estou honestamente tentando fazer o trabalho que poderia ocupar as mãos de três ou quatro mulheres. E, além disso, preciso fazer muitas coisas que deveriam ser feitas por homens jovens." Com exceção de duas viagens para casa, Lottie serviu na China desde os seus 33 anos, em 1873, até a sua morte, em 1912, aos 72 anos. Ela entregou a vida para servir a Cristo. Nos mais de cem anos desde a sua morte, o intenso sacrifício feito por Lottie Moon rendeu muitos frutos para a causa do Senhor.

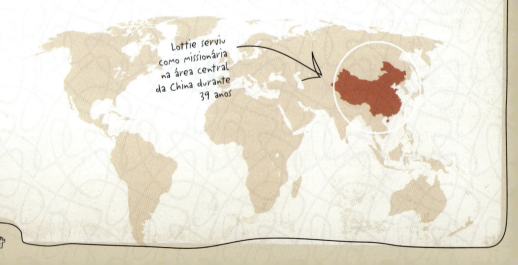
Lottie serviu como missionária na área central da China durante 39 anos

PALAVRAS EM LATIM QUE VOCÊ DEVERIA CONHECER

Et cetera

A maior parte das palavras em português vem do latim, o idioma de 2.500 anos, falado pelos césares da Roma antiga. Palavras como *solar*, *lunar*, *mental* e *régio* vêm do latim. Algumas palavras e frases da língua latina nunca chegaram a fazer parte do português. Nós as utilizamos em seu original. Você provavelmente já ouviu alguém dizer *et cetera*, que significa "e assim por diante". Pode-se dizer: "Comprei muitas frutas vermelhas na feira hoje: maçãs, framboesas, cerejas, morangos *et cetera*".

Aqui estão algumas palavras e expressões comuns (e não tão comuns) em latim. Aprenda algumas delas de cor e, em seguida, tente usá-las em conversas com seus amigos, pais e professores.

EXPRESSÕES EM LATIM

Bona fide: Genuíno, sincero.
Minha história é verdade *bona* fide.

Canis meus id comedit: O meu cachorro comeu.

Carpe diem: Aproveite o dia.

Clamo, clamatis, omnes clamamus pro glace lactis: Eu clamo, você clama, todos nós clamamos por sorvete.

Credo: Eu creio.

Deo volente: Se Deus quiser.

E pluribus unum: De muitos, um.
(O lema presente no selo dos Estados Unidos da América: a mistura de muitos países.)

Et cetera (etc.): E assim por diante.

Exempli gratia: Por exemplo.
As pessoas chegaram em muitos veículos diferentes (por exemplo, carros, caminhões, motocicletas e minivans).

Fac ut gaudeam: Faça o meu dia!

Gloria in excelsis deo: Glória a Deus nas alturas.

Id est (ou seja): Isto é.
A criança demonstrou seu desagrado (isto é, ela gritou por vinte minutos).

Carpe diem

Labra lege: Leia meus lábios.

Noli habere bovis, vir: Não tenha uma vaca, cara!

Per se: Em si mesmo.
Ele lê livros, mas não é um especialista em literatura *per se*.

Postatem obscuri lateris nescitis: Você não conhece o poder do lado negro.

Semper fidelis: Sempre fiel.
O lema do Corpo de Fuzileiros Navais dos Estados Unidos.

Sic: Assim como é; usado em livros para mostrar um erro.
O governo interviu (sic) no problema.

Noli habere bovis, vir

Sine qua non: Uma coisa essencial; indispensável.
O zagueiro era *sine qua non* para a equipe.

Sit vis nobiscum: Que a Força esteja com você.

Sola deo Gloria: Glória somente a Deus.

Sola gratia: Só pela graça.

Solo Christo: Só por Cristo.

Status quo: A condição existente.

Verbatim: Ao pé da letra.

Vice versa: A ordem sendo revertida.

97

26
BRILHE MUITO! (JOIAS NA BÍBLIA)

> NAQUELE DIA, O SENHOR, O SEU DEUS, OS SALVARÁ COMO REBANHO DO SEU POVO E COMO JOIAS DE UMA COROA BRILHARÃO EM SUA TERRA.
> ZACARIAS 9.16

Os cientistas já identificaram 48 tipos diferentes de gemas ou pedras preciosas. Algumas das mais famosas e valiosas são os diamantes, os rubis e as esmeraldas. Recentemente, um homem muito rico comprou para sua filhinha o diamante Blue Moon – por 48,5 milhões de dólares (que, em 2021, é equivalente a aproximadamente 276,8 milhões de reais). Um belo presente de aniversário, não?

Se você fosse um rei ou uma rainha nos tempos bíblicos, provavelmente seria uma pessoa muito rica! Teria herdado a "coroa de joias", que é passada de um rei ou uma rainha aos seus sucessores. Isso era chamado de tesouro do reino.

Mas, além desse tesouro real, você também teria a sua riqueza pessoal – sacos cheios de dinheiro, obras de arte, mansões e joias. A sua fortuna pessoal seria mais importante para você do que o tesouro

A Bíblia menciona muitos tipos de joias. Na verdade, no Antigo Testamento, o peitoral da vestimenta do sumo sacerdote possuía doze pedras preciosas, dispostas em quatro filas de três. Em cada pedra estava escrito o nome de uma das doze tribos de Israel. Como o sumo sacerdote servia dentro do Templo, na presença do Senhor, ele representava todo o povo de Deus – seus filhos amados e valorizados por ele como um tesouro precioso.

O livro de Êxodo identifica cada pedra preciosa do peitoral do sumo sacerdote.

(...) *Na primeira fileira haverá um rubi, um topázio e um berilo; na segunda, uma turquesa, uma safira e um diamante; na terceira, um jacinto, uma ágata e uma ametista; na quarta, um crisólito, um ônix e um jaspe. Serão doze pedras, uma para cada um dos nomes dos filhos de Israel, cada uma gravada como um selo, com o nome de uma das doze tribos.*

Êxodo 28.17–21

> **VOCÊS, PORÉM, SÃO GERAÇÃO ELEITA, SACERDÓCIO REAL, NAÇÃO SANTA, POVO EXCLUSIVO DE DEUS, PARA ANUNCIAR AS GRANDEZAS DAQUELE QUE OS CHAMOU DAS TREVAS PARA A SUA MARAVILHOSA LUZ.**
> 1 PEDRO 2.9

do reino, porque ele pertenceria somente a você e a mais ninguém; seria a sua preciosidade pessoal.

A Bíblia diz que é o mesmo com Deus. Ele é o Rei do universo. O dono de tudo: de planetas, nações, minas de ouro, pedras preciosas, animais e pessoas. No entanto, você sabia que Deus também possui um "tesouro especial"? É aquilo que ele protege e valoriza mais do que qualquer outra coisa que tenha criado. O povo de Deus é seu tesouro raro – as joias que ele mais ama. Se você pertence ao Senhor, então você é riqueza exclusiva do Criador. Ele valoriza o seu povo mais do que todo o resto (Deuteronômio 7.6; Tito 2.14).

Isso significa que, como cristão, você não precisa fazer nada para Deus amá-lo mais. Sendo assim, também não precisa fazer nada para que as outras pessoas gostem mais de você. Também não precisa parecer ou ser perfeito, pois para Deus você já é uma joia que ele valoriza. Se você pertence a Jesus, então é um bem precioso do Senhor, seu tesouro especial. Os cristãos são as pedras preciosas da Bíblia, muito mais do que diamantes, rubis ou esmeraldas.

27

POR QUE NÃO?

"Por que não posso assistir a este programa de televisão?"

"Por que não posso ouvir esta música?"

"Por que não posso baixar este aplicativo?"

"Por que não posso usar esta roupa?"

"Por que não posso ir à casa do meu amigo?"

"Por que não posso jogar videogame?"

Seus pais ouvem alguma dessas reclamações em casa? Provavelmente você já sabe: Deus deseja que seja obediente aos seus pais (Efésios 6. 1-3). Mas já tentou entender por que seus pais dão permissão para algumas coisas e para outras não? Aqui estão algumas questões sobre as quais eles devem pensar antes de dizer sim ou não para você:

1. A Bíblia fala sobre isso?
Se sim, então é preciso obedecer à Bíblia. Por exemplo: Tem problema falar palavrão? (Leia Efésios 5. 4)

2. O que há de bom nisso?
Lembre-se, Deus criou o mundo e viu que era "muito bom". Embora o pecado de Adão e Eva tenha trazido o mal para o planeta, a criação de Deus ainda está cheia de bondade.

Por exemplo, alguns tipos de dança são pecaminosos, mas a dança em si ainda reflete um pouco da bondade original de Deus. O Senhor nos deu a dança como uma boa forma de expressarmos alegria usando todo o nosso corpo (leia os Salmos 30. 11 e 149. 3).

3. Nós podemos ser gratos a Deus por isso? Deus deseja que possamos ser gratos por tudo o que ele criou para desfrutarmos. (É por isso que devemos orar e dar graças antes das refeições.) Se não conseguirmos agradecer ao Senhor, de coração, por alguma coisa, então não deveríamos fazê-la.

Por exemplo: se não pode abaixar a cabeça e agradecer a Deus por permitir que você assista a um determinado programa de televisão, não deveria assisti-lo. (Leia os seguintes versículos: Romanos 14. 6; 1Coríntios 10. 30-31; 1Timóteo 4. 3-5.)

4. É sábio fazer isso? Algumas coisas talvez não sejam problema, mas podem não ser apropriadas para um momento ou lugar específicos. Não há nada de errado em comer doces, por exemplo. Entretanto, você consegue imaginar uma situação em que não seria sábio fazer isso? (Tais como: comer doce em excesso, comer muitos doces quando você tem problema de saúde ou comer doces antes de dormir.)

Seus pais podem não deixar que você leia certos livros, assista a determinados filmes, compre aplicativos caros ou use qualquer tipo de roupa. Isso não acontece porque essas coisas sejam ruins, mas porque elas não são sábias. Algumas escolhas são simplesmente inadequadas para certas idades ou situações. (Leia os seguintes versículos: Provérbios 26. 4 e 5; 1Coríntios 10. 23-24; Colossenses 4. 5).

5. Isso se tornou importante demais para você?

A essência do pecado é amar mais algo criado por Deus do que o Deus que o criou. É claro que o Senhor deseja que aproveitemos a sua criação. No entanto, ele também quer que tenhamos prazer nele, acima de tudo. Quando amamos demais uma coisa boa, ela se torna ruim para nós.

Por exemplo, quando você quer jogar videogame durante horas e trata mal a sua família e deixa de cumprir as tarefas domésticas. Então, o jogo terá se tornado importante demais para você. O jogo em si pode não ser mau, mas ele terá se transformado em algo prejudicial, pois você o ama mais do que deveria. (Leia os seguintes versículos: 1João 2.16; Colossenses 3.5.)

6. Isso faz com que o pecado pareça algo normal?

Algumas coisas são más, porque elas fazem o pecado parecer inocente. Personagens de filmes e livros quase sempre mostram comportamentos ou atitudes pecaminosos, por exemplo.

Porém, alguns filmes ou livros fazem com que essas situações perversas pareçam perfeitamente normais, ou até mesmo engraçadas. Todo mundo ri. Talvez ninguém perceba, mas o pecado se tornou comum e até confortável. No entanto, Deus odeia o pecado. Ele destrói a vida das pessoas, prejudica os relacionamentos e leva à morte. O pecado não é normal; ele não faz parte do plano de Deus para este mundo. (Leia Romanos 6.6.)

PENSE NISTO

"Nós, de alguma forma, passamos a acreditar que só aquilo que é escandalosamente errado é pecado; e parecemos não entender que a pessoa mais perigosa de todas é aquela que não enfatiza as coisas certas."

—Martyn Lloyd-Jones

103

28

O SEGREDO PARA AMADURECER

Um adulto pode fazer muitas coisas legais: ficar acordado até tarde, dirigir, tomar café, não precisa estudar e pode sair para uma aventura. No entanto, para ser um adulto é necessário mais do que isso. O segredo para amadurecer é *saber como se relacionar adequadamente com Deus, com as outras pessoas, com o mundo e com você mesmo.* A Bíblia chama essa forma de se relacionar de "sabedoria".

Isso parece fácil, mas há um problema. Desde que Adão e Eva se rebelaram contra o Criador (Gênesis 3), ninguém jamais foi capaz de se conectar inteira e corretamente com o Senhor, com as pessoas, com o mundo e consigo mesmo.

A ESTRADA

Ninguém, exceto um Homem: Jesus Cristo. Ele incorporou pessoalmente a expressão mais completa de uma vida sábia (Lucas 2. 40-52; 11. 29-32). Jesus é o Homem mais maduro que já existiu (Efésios 4. 13). E se você é cristão, se está nele, então Jesus Cristo "se tornou sabedoria de Deus para nós" (1Coríntios 1. 30; e veja também o capítulo 57 deste livro: "Nós que não se pode desfazer"). Como Jesus é nossa sabedoria, todos os cristãos foram restaurados a um relacionamento correto com Deus para sempre.

Portanto, para o cristão, crescer e amadurecer significa primeiro aprender a confiar em Jesus como nossa sabedoria e depois entender como nos relacionar com pessoas, situações e nós mesmos de maneira sábia. Mas esse tipo de sabedoria não é adquirido da noite para o dia.

O caminho da sabedoria deve ser percorrido com calma, e não com pressa. Felizmente, o Senhor descreveu qual é o caminho da sabedoria para nós. Provérbios, capítulo 2, apresenta um mapa e diz aos jovens cristãos por onde começar a jornada nessa estrada da sabedoria.

1. Aceite a sabedoria que você já possui

(Provérbios 2. 1–2)

Quando se é muito jovem ainda, o melhor é ouvir os ensinamentos dos pais – receba a sabedoria deles. Os pais, especialmente os cristãos, o ajudarão a conhecer a Palavra de Deus e a aprender sobre o mundo ao seu redor. Abra os ouvidos e deixe o coração ser preenchido por palavras sábias. (Outros versículos para leitura: Provérbios 9. 6; 23. 19.)

DA SABEDORIA

2. Busque a sabedoria que falta a você (Provérbios 2.3–4)

Conforme for crescendo, comece a buscar sabedoria por conta própria. Ore para conseguir sabedoria. Orar pedindo sabedoria é essencial para obtê-la. Se você precisa de sabedoria, então busque-a, pois seu valor ultrapassa o da prata ou o do ouro. Peça-a a Deus, pois ele é a fonte da verdadeira sabedoria. (Outros versículos para leitura: Provérbios 3.14; Tiago 1.5)

3. Obtenha a sabedoria de que precisa (Provérbios 2.5–8)

Quando você ora por sabedoria, o Senhor lhe dá aquilo de que precisa para se tornar sábio. Ele dará a você o temor do Senhor, que é o primeiro e o principal ingrediente para conseguir uma perspectiva sábia para si mesmo. Isso significa que Deus o ajudará a reconhecer que ele é o Senhor da sua vida, e não você. Sem o temor do Senhor é impossível viver com sabedoria.

4. Tome posse da sabedoria obtida (Provébios 2.9–10)

Depois que tiver recebido esses ingredientes de sabedoria, você começará a compreender os bons caminhos. Ou seja, a sabedoria passará a habitar em seu coração. E esse tipo de sabedoria o transformará – a fim de que você possa desfrutar verdadeiramente dos caminhos de Deus. Então, a sabedoria que você ouviu de outras pessoas vai se transformar em sua própria sabedoria.

Esse é o caminho da sabedoria e o segredo para crescer neste mundo criado por Deus, mas distorcido pelo pecado.

● ● ●

Quantos provérbios (ditos de sabedoria) e canções Salomão escreveu?
Resposta: 3.000 provérbios e 1.005 canções (1Reis 4.32).

Quantos cavalos o rei Salomão tinha?
Resposta: 12.000 cavalos (1Reis 10.26).

Se você é cristão, então o livro de Provérbios o ajudará a amadurecer e a se relacionar com sabedoria. Há um jeito simples de começar a aprender sobre sabedoria por meio deste grande livro bíblico. Como existem 31 capítulos no livro de Provérbios, você pode preferir ler qualquer capítulo que corresponda a um dia do mês.

Porém, não se desanime nem se surpreenda caso você venha a tropeçar na estrada da sabedoria. Todo mundo tropeça. Porém, mesmo quando fracassar e fizer escolhas erradas, o Senhor já tem a sabedoria da qual você precisa. Lembre-se de que Jesus Cristo se tornou a nossa verdadeira sabedoria de Deus (1Coríntios 1.30). Ele já colocou você em um relacionamento correto com Deus. E, quando pedir, ele o ensinará a viver de maneira sábia (Tiago 1.5).

Você deseja ser tratado como adulto? Peça que o Senhor o ajude a aprender como viver com sabedoria – e mergulhe no livro de Provérbios.

> **COMO É FELIZ O HOMEM QUE ACHA A SABEDORIA, O HOMEM QUE OBTÉM ENTENDIMENTO, POIS A SABEDORIA É MAIS PROVEITOSA DO QUE A PRATA E RENDE MAIS DO QUE O OURO.**
>
> PROVÉRBIOS 3.13-14

29
SELVAGEM, MAIS SELVAGEM, SUPER-SELVAGEM

A mitologia é repleta de contos sobre monstros e outras criaturas selvagens. Os mitos da Grécia antiga falam sobre muitas bestas ferozes. Minotauro (um monstro com corpo de homem e cabeça de touro) e Hidra (uma serpente com muitas cabeças) são apenas dois exemplos de uma longa lista. O gigante selvagem Grendel aterroriza a terra no épico do inglês antigo, *Beowulf*. As obras de mitologia inglesa moderna de J. R. R. Tolkien, *O hobbit* e *O senhor dos anéis*, incluem Smaug, o dragão, Azog, o orc, Balrog e Nazgul.

A Bíblia também tem a sua parcela de coisas selvagens. O fim do livro de

O boi selvagem (ou auroque) foi extinto no início dos anos 1600. Esses bois fortes às vezes atingiam quase dois metros de altura!

 Quantas vezes os cachorros são mencionados na Bíblia?

Resposta: 41 vezes

Jó apresenta um grande zoológico (38. 39 – 41. 34). A lista começa pequena. As primeiras criaturas citadas são apenas animais selvagens, como o leão, o falcão e o boi selvagem. A Bíblia afirma que até os bichos selvagens fazem parte do reino animal criado por Deus e que ele cuida desses animais assim como de todos os outros.

O Senhor os alimenta, lhes dá descendentes e satisfaz suas necessidades, exatamente como faz com cachorrinhos e ursos pandas.

Jó menciona, em seu livro, feras que se pareciam com monstros. Nós podemos ler sobre elas em Jó 40. 15 – 41. 34. Uma dessas criaturas tem um nome que significa grande besta: "Beemote". O outro monstro se chama Leviatã, que significa algo como "espectro". Você não gostaria de ter que se defender de nenhum dos dois!

E por que esses monstros aparecem no livro de Jó? Deus quer nos mostrar que, embora não sejamos capazes de dominar essas criaturas, o Senhor é. O Criador sempre possui o controle sobre elas. E já que isso é uma verdade, também podemos ter outra certeza: Deus está no controle de todas as coisas. Ele tem o comando até das situações mais adversas. Como Rei do universo, Deus governa tudo o que existe: bestas, tornados, doenças, demônios, acidentes etc. Ele está sempre fazendo com que todas as coisas cooperem para o seu bem – e o seu bem é o nosso bem (Romanos 8. 28).

Você SABIA?

Algumas pessoas pensam que o Beemote pode ter sido um hipopótamo – um dos animais mais perigosos da África dos dias atuais. Já o Leviatã pode ter sido um crocodilo gigante, ou uma criatura marinha selvagem. Outros acreditam que essas duas feras podem ter sido dinossauros.

Quantas vezes os gatos são mencionados na Bíblia?
Resposta: Leões e leopardos são citados, porém não há qualquer menção a gatos.

Aqui estão algumas outras criaturas selvagens mencionadas na Bíblia:

Morcegos (Levítico 11. 19)
Ursos (Isaías 11. 7)
Víboras (Isaías 11. 8)
Raposas (Neemias 4. 3)
Vespões (Josué 24. 12)
Leopardos (Jeremias 5. 6)
Leões (Salmo 10. 9)
Lagartos (Levítico 11. 30)
Gavião (Deuteronômio 14. 15)
Bois (Deuteronômio 33. 17)
Porcos-espinhos (Isaías 34. 11)
Ratos (Levítico 11. 29)
Escorpiões (Lucas 11. 12)
Monstros marinhos (Jó 7. 12)
Cobras (Eclesiastes 10. 8)
Abutres (Levítico 11. 18)
Javalis (Salmo 80. 13)
Cabras selvagens (Deuteronômio 14. 5)
Lobos (Ezequiel 22. 27)

Completamente Irrelefante

Elefantes não são mencionados na Bíblia, porém são ótimos para fazermos piadas. Experimente as piadas a seguir com amigos e familiares, mas tenha o cuidado de contá-las seguindo esta ordem.

P: Por que o elefante usa tênis cinza?
R: Para combinar com a sua cor.

P: Por que o elefante atravessa o lago, nadando de costas?
R: Para não molhar o tênis.

P: Por que o elefante tem a pele enrugada?
R: Porque sua pata não cabe no pote do creme hidratante.

P: Quantos elefantes cabem dentro de um carro?
R: Cinco. Dois na frente, três atrás.

P: Como você pode fazer um elefante passar por baixo de uma porta?
R: Colocando-o dentro de um envelope de carta.

P: Por que a mulher do elefante deve ficar na geladeira?
R: Porque ElaéFanta.

P: Por que o elefante é cinza, grande e enrugado?
R: Porque, se ele fosse branco, pequeno e liso, seria uma aspirina.

P: Como se esconde um elefante numa plantação de morangos?
R: Pintando suas unhas de vermelho.

P: Você já viu um elefante escondido numa plantação de morangos?
R: Não! Viu só como ele se disfarça bem!

ATENÇÃO ÀS BOAS MANEIRAS

> Marina (9 anos): "Quem se importa se eu tenho boas maneiras?!"

> João (11 anos): "Boas maneiras são uma bobagem. São apenas algumas regras inventadas por alguém!"

É verdade, as boas maneiras parecem apenas regras que não significam nada. Afinal, crianças de outros países não seguem as mesmas regras que você, não é? Será que realmente importa se você coloca ou não os cotovelos sobre a mesa? Ou se você coloca o guardanapo sobre o colo durante as refeições? Ou se você escreve cartões de agradecimento quando ganha algo? Sim e não. Mas boas maneiras importam, porque pessoas importam.

Também é verdade, por exemplo, que Deus nunca ordenou em sua Palavra que você não interrompesse um amigo quando ele estivesse falando. Você poderia ser um cristão realmente bom e entrar em uma conversa na hora que desejasse. Afinal, não existe qualquer regra na Bíblia a respeito desse tipo de conduta.

Contudo, caso você faça isso sempre, não se divertirá tanto com seus amigos (e eles podem começar a evitar sua presença). Se, no entanto, prestar atenção no que seus amigos estão dizendo antes de começar a falar, vocês poderão ter uma conversa muito legal. É assim que boas maneiras funcionam.

Boas maneiras não estão listadas na Bíblia e, certamente, não são a coisa mais importante da vida. No entanto, elas permitem que as pessoas aproveitem a companhia umas das outras e se divirtam juntas.

Imagine o que aconteceria se todos se concentrassem apenas em seus telefones celulares e ignorassem completamente os outros ao redor? Se, durante um jantar, as pessoas se debruçassem sobre a mesa a todo momento para se servirem de mais comida? Ou se alguém fizesse muito barulho na sala enquanto você estivesse tentando dormir no quarto ao lado?

As regras que orientam esse tipo de comportamento não são importantes em si, e sequer precisam fazer algum sentido. Mas Jesus ensinou que as pessoas são importantes (Mateus 22.34-40). E é por isso que devemos ter boas maneiras.

Como cristão, ter boas maneiras não fará com que Deus o ame mais do que ele já ama. Porém essa é uma forma de mostrar seu amor aos outros. **Aqui estão algumas sugestões de boas maneiras que você pode usar para se relacionar melhor com as pessoas do seu convívio:**

✱ Sempre entre em qualquer lugar ouvindo, e não falando.

✱ Se algo não lhe pertence, não toque.

✱ Procure oportunidades para ser útil; mova-se na direção daqueles que precisam de ajuda (em vez de fugir).

✱ Quando conversar com uma pessoa, olhe para ela nos olhos e demonstre interesse pelo que ela está falando.

✱ Não se exiba para chamar a atenção.

✱ Se não souber o que fazer, pergunte.

✱ Caso você chame alguém e a pessoa não responda, espere um pouco ou vá procurá-la. Não grite.

✱ Não fique sentado quando há pessoas à sua volta de pé fazendo alguma coisa. Junte-se a elas.

✱ Sempre deixe um ambiente melhor do que quando você chegou. Arrume e limpe os locais que utilizar antes de sair.

✱ Pense à frente. Tente imaginar os resultados de suas ações antes de realizá-las.

- Os convidados e amigos sempre devem ter prioridade para escolher os brinquedos e jogos.

- Faça o que deve fazer antes de fazer o que *deseja*.

- Assuma humildemente a responsabilidade pelo seu comportamento. Você não pode dar desculpas e progredir ao mesmo tempo.

- A diversão só é diversão de verdade quando todos estão se divertindo.

- Quando você se sente entediado, há uma boa chance de estar sendo egocêntrico. Ou seja, deve estar prestando mais atenção às suas próprias vontades e esquecendo-se das outras pessoas.

- Se precisar forçar para alcançar alguma coisa, espere ou tente de outra maneira.

- Diga "por favor", "obrigado" e "com licença", sempre que for apropriado.

Você SABIA?

As boas maneiras mudam de acordo com os tempos.

Nos Estados Unidos, na década de 1950, era comum que os homens, que costumavam usar chapéu naquela época, o tirassem ao entrar em um estabelecimento ou ao encontrar uma mulher. Nesse mesmo período, os pais ensinavam seus filhos a "falarem apenas quando alguém falasse com eles". Isso significava que crianças não deveriam puxar conversas com adultos; elas deviam esperar que eles falassem com elas primeiro. Épocas diferentes, maneiras diferentes.

As boas maneiras também dependem do lugar onde se vive. Em alguns lugares da Europa, chupar chiclete em público é considerado falta de educação. Em Cingapura, isso é até ilegal! Em muitos locais do Extremo Oriente, sentar-se com os pés apontados na direção de alguém é considerado ofensivo, enquanto arrotar após uma refeição é uma forma de demonstrar a satisfação com a comida e elogiar o cozinheiro.

EXPLORE NOVOS MUNDOS

Venha explorar novos mundos com dois autores britânicos que, ao longo dos anos, cativaram e encantaram muitos leitores. São eles: John Bunyan e C. S. Lewis. Para milhões de crianças e adultos, os contos de Bunyan e os de Lewis abriram uma porta para novos mundos e novas aventuras.

A VIAGEM PERIGOSA

John Bunyan, nascido na Grã-Bretanha em 1628, é mais conhecido por sua alegoria *O peregrino*. Uma alegoria é um tipo de história em que os personagens e a trama simbolizam ideias sobre a vida. Em *O peregrino*, por exemplo, há um personagem chamado "Sr. Tagarela", que representa alguém que fala muito, mas age pouco.

Em *O peregrino*, o autor narra um sonho de um homem chamado Cristão, que foge de sua cidade natal, a Cidade da Destruição, e sai em busca da Cidade Celestial. Ao longo do caminho, Cristão encontra muitas pessoas – algumas boas, outras más –, além de batalhas, gigantes, dragões e muito perigo por toda parte. É uma história sobre Cristão, mas também retrata a história de cada seguidor de Cristo. É assim que Bunyan começa sua história:

> **Ao caminhar pelo deserto deste mundo, cheguei a determinado lugar, onde havia uma toca. Deitei-me para dormir e, enquanto dormia, tive um sonho. Sonhei, e eis que vi um homem vestido com trapos, em pe, em certo local, de costas para a sua casa, um livro na mao e um grande fardo sobre as costas. Olhei e vi-o abrir o livro e ler. E, durante a leitura, chorava e dizia: "O que devo fazer?"**

Bunyan escreveu esse livro há mais de trezentos anos, portanto, as palavras usadas podem ser um pouco difíceis de entender. Há, porém, versões do livro em linguagem moderna.

John Bunyan escreveu outra alegoria, menos conhecida, chamada *A guerra santa*. Nessa história, a cidade de Alma Humana está sendo atacada por um terrível inimigo, Diabolus. Os cidadãos precisam, então, descobrir os planos desse inimigo para derrotá-lo.

Em outras palavras, essa alegoria fala sobre como Satanás tenta os cristãos e como nós podemos resistir a essas tentações. Se quiser saber mais sobre John Bunyan, leia o capítulo 37, "Mais homens que deram a vida por Cristo".

PENSE NISTO

"Tudo o que Deus diz é melhor, é melhor, mesmo que todos os homens do mundo sejam contra"
O Peregrino

"Nuvens negras trazem água, enquanto as claras não trazem nada."
O Peregrino

"Nada o pode machucar, exceto o pecado; nada pode entristecer a mim, exceto o pecado; nada pode derrotá-lo, exceto o pecado. Vigie, portanto, minha alma Humana."
A Guerra Santa

A TERRA DE NÁRNIA

Clive Staples (C. S.) Lewis, conhecido pelos seus amigos como "Jack", nasceu em 1898 e morreu em 1963, no mesmo dia em que outro famoso "Jack" morreu: o ex-presidente dos Estados Unidos, John F. Kennedy. Quando era criança, Lewis não gostava de ser chamado de Clive, e preferia "Jack" (talvez por causa de um cachorro da família que se chamava Jacksie).

Durante a maior parte de sua vida, Lewis foi autor e professor de literatura na Universidade de Cambridge e na Universidade de Oxford, na Inglaterra. Assim como Bunyan, ele não acreditava em Deus quando era jovem.

Porém, um dia, o Senhor tocou o coração de Jack – primeiro para que ele cresse que Deus realmente existia, depois para que confiasse em seu Filho Jesus como Salvador de sua vida. Você pode ler mais sobre a vida de Jack e sua conversão ao cristianismo em sua autobiografia, *Surpreendido pela alegria*.

Depois de se tornar cristão, Jack e alguns amigos formaram um clube para escritores

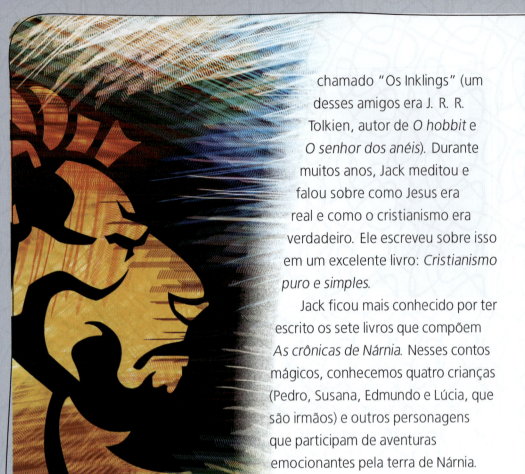

chamado "Os Inklings" (um desses amigos era J. R. R. Tolkien, autor de *O hobbit* e *O senhor dos anéis*). Durante muitos anos, Jack meditou e falou sobre como Jesus era real e como o cristianismo era verdadeiro. Ele escreveu sobre isso em um excelente livro: *Cristianismo puro e simples*.

Jack ficou mais conhecido por ter escrito os sete livros que compõem *As crônicas de Nárnia*. Nesses contos mágicos, conhecemos quatro crianças (Pedro, Susana, Edmundo e Lúcia, que são irmãos) e outros personagens que participam de aventuras emocionantes pela terra de Nárnia. Nesses livros, Lewis deu vida às histórias bíblicas sobre a criação do universo, o pecado de Adão e Eva, a crucificação, a ressurreição de Jesus e muitas outras.

Todos os leitores da série Nárnia tem um personagem preferido (o do meu filho é o príncipe Caspian, do Livro 4 e Precioso, o fiel, feroz e magnífico unicórnio do Livro 7). Mas, em cada obra, Lewis concentra nossa atenção em um personagem – aquele que

Você SABIA?

DESCOBERTA FORA DESTE MUNDO

Em 2003, um estudioso britânico chamado Michael Ward descobriu um mistério sobre As crônicas de Nárnia que estava escondido havia mais de cinquenta anos. Certa noite, ele estava lendo um poema que C. S. Lewis tinha escrito sobre os sete planetas chamado "The Heavens" (Os céus). No meio do poema, uma frase sobre Júpiter saltou da página: "Inverno passado e culpa perdoada." Ward percebeu que, ali, estava o resumo perfeito de O leão, a feiticeira e o guarda-roupa.

A mente de Michael Ward começou a girar: há sete planetas conhecidos no mundo antigo (que incluía o Sol e a Lua) e há sete livros na série de Nárnia. Esses pensamentos deram início a uma avalanche de estudos e descobertas. Parecia que Lewis tinha escondido pistas ao longo de toda a série, que conectava cada um dos sete livros de Nárnia com um "planeta". Leia as palavras de cabeça para baixo após cada título a seguir para descobrir qual deles corresponde a cada planeta.

Aqui está uma lista com os sete livros da série As crônicas de Nárnia, na ordem em que os acontecimentos ocorreram nas histórias. No entanto, é melhor ler os livros na ordem em que eles foram publicados (veja as datas após cada título):

O sobrinho do mago (1955) (Vênus)

O leão, a feiticeira e o guarda-roupa (1950) (Júpiter)

O cavalo e seu menino (1954) (Mercúrio)

Príncipe Caspian (1951) (Marte)

A viagem do Peregrino da Alvorada (1952) (Sol)

A cadeira de prata (1953) (Lua)

A última batalha (1956) (Saturno)

PARA SABER MAIS: Se você quiser saber mais sobre Nárnia e os planetas, leia *As Crônicas de Nárnia*, de C. S. Lewis.

PENSE NISTO

C. S. Lewis escreveu:

"Nós, cristãos, não pensamos que Deus nos amará mais por sermos bons, mas que Deus nos fará bons porque ele nos amou primeiro."
(Cristianismo puro e simples)

"Comer e ler são dois prazeres que se combinam admiravelmente."
(Surpreendido pela alegria)

"Humildade não é pensar menos de si mesmo, mas pensar menos em si mesmo."
(Cristianismo puro e simples)

"Se eu encontrar em mim mesmo desejos os quais nada nesta Terra pode satisfazer, a única explicação lógica é que fui feito para outro mundo."
(O peso da glória)

representa Jesus Cristo –, um leão bom, porém não domado, chamado Aslam.

Se você já leu *As crônicas de Nárnia* e deseja curtir mais aventuras com "Jack", então pode gostar da sua trilogia cósmica. Escrita para leitores mais velhos, esses livros de ficção científica levam-nos por toda a galáxia com o herói dos livros, Elwin Ransom.

Assim como *As crônicas de Nárnia*, essas aventuras espaciais também recontam histórias e verdades bíblicas. Os três livros têm como título: *Além do Planeta Silencioso*, *Perelandra* e *Aquela fortaleza medonha*. E algumas pessoas consideram essas obras ainda melhores do que *As crônicas de Nárnia*.

COMO DEUS É?

Quando estamos crescendo, há milhares de coisas que ainda precisamos aprender. Temos que saber como escovar os dentes (para cima e para baixo, e não de um lado para o outro). Como arrumar a cama. Andar de bicicleta. Ler livros (importante!).

É bom saber fazer a maioria dessas coisas. **Mas há apenas uma coisa que você realmente *precisa* saber: como Deus é. Você deve conhecê-lo. Ele não é apenas uma parte importante da sua vida: Deus é a sua vida.**

Mas, como Deus é? Nenhum ser humano vivo já viu o Pai face a face. E não existe ninguém que, hoje, tenha conhecido Jesus quando ele veio ao mundo dois mil anos atrás.

Então, se você nunca viu o Senhor, como pode saber como ele é? E como jamais poderia conseguir conhecê-lo pessoalmente? A resposta curta é: peça para ele se revelar a você. A Bíblia ensina que todo aquele que pede, busca e bate à porta, porque deseja relacionar-se com Deus, será respondido.

Aqui está a resposta mais longa: quando Jesus deixou a terra e retornou à presença do Pai, ele deu ao seu povo o melhor presente de todos – seu Espírito. Seu Espírito mostra para nós o quanto necessitamos de Deus. Ele nos lembra do amor de Pai por nós e nos mostra como Deus realmente é. Jesus contou aos seus discípulos e a nós tudo sobre o seu Espírito no livro de João, especialmente nos capítulos 14, 15 e 16.

Ainda hoje, quando buscamos a Jesus com fé e pedimos perdão pelos nossos pecados, ele nos dá de si mesmo, ou seja, o seu próprio Espírito para habitar em nós. (E o Espírito de Jesus nos ensinará tudo o que temos de aprender sobre Deus.)

O Espírito ensina-nos sobre a natureza de Deus principalmente por meio da Bíblia. Ela é a Palavra de Deus para o seu povo e nela encontramos imagens muito reais do Senhor.

Aqui estão alguns trechos usados por Deus para nos mostrar como ele é.

 ## Deus é o nosso Pai

"Como um pai tem compaixão de seus filhos, assim o SENHOR tem compaixão dos que o temem (...)." (Salmo 103. 13)

Deus protege e provê para seus filhos. Na verdade, isso não é algo que ele simplesmente faz – é quem Deus é. Ele sempre foi um Pai, e a sua paternidade não é meramente uma parte dele. O Senhor é Pai com todo o seu ser, em tudo o que realiza e em todos os tempos. Antes mesmo da criação do mundo, ele era Pai para o Filho (Jesus Cristo). Deus é Pai – o Pai perfeito.

Deus é nosso juiz

"(...) Não agirá com justiça o Juiz de toda a terra?" (Gênesis 18.25)

Deus, o Juiz, odeia o pecado. Ele odeia qualquer coisa que prejudique seus filhos. Ele sempre faz a coisa certa. Mas não porque está tentando obedecer a alguma regra, e sim porque é quem ele é: sempre completamente correto e justo.

Deus é nosso sol

"O SENHOR Deus é sol e escudo (...)." (Salmo 84.11)

A vida natural da Terra é alimentada pela energia do Sol, a estrela que está no centro do sistema solar. Sua luz e seu calor nutrem a vida no nosso planeta. Da mesma forma, Deus é a principal fonte da nossa vida, o centro dela. É ele que oferece tudo de que precisamos: amor, perdão, alimento, roupas etc.

Deus é o nosso refúgio

"Tens sido refúgio para os pobres, refúgio para o necessitado em sua aflição, abrigo contra a tempestade e sombra contra o calor (...)." (Isaías 25.4)

PENSE NISTO

"Conhecer um pouco a Deus vale muito mais do que saber muito sobre ele."
J. I. Packer

Nós facilmente nos distraímos tentando conhecer fatos sobre Deus e então nos esquecemos de conhecê-lo pessoalmente. Em seu livro mais famoso, *O conhecimento de Deus*, J. I. (James Innell) Packer, nascido em 1926, ajudou milhões de cristãos a concentrarem-se em Deus — a ouvi-lo, confiar nele, segui-lo e adorá-lo.

Packer ensina que conhecer a Deus (e ser conhecido por ele) como conhecemos um amigo é mais valioso do que saber muitas coisas sobre ele.

Desde que Adão e Eva pecaram e tiveram que deixar o Jardim do Éden, a vida tornou-se difícil. Fazer o dever de casa é difícil; fazer e manter amizades é difícil; dizer "Eu estava errado" é difícil; obedecer ao pai e à mãe é difícil. E assim como, ao nos exercitarmos debaixo do sol forte, temos de descansar um pouco na sombra, na vida também precisamos de refúgio em meio às dificuldades.

O Senhor diz: "Quando a vida estiver difícil, busque a mim. Deixe-me ser o seu alívio. Eu sou o seu refúgio e abrigo contra o calor."

Jesus é o cordeiro

"(...) Vejam! É o Cordeiro de Deus, que tira o pecado do mundo!" (João 1.29)

No Antigo Testamento, os pecadores sacrificavam cordeiros para o perdão dos seus pecados diante de Deus. Aqueles cordeiros eram apenas animais e não podiam levar os pecados das pessoas. Mas Jesus é o Cordeiro enviado por Deus, e a sua morte realmente removeu os pecados de todos que confiam nele.

Jesus é o leão

"(...) 'Não chore! Eis que o Leão da tribo de Judá, a Raiz de Davi, venceu (...)'." (Apocalipse 5.5)

Jesus é o Cordeiro que foi crucificado e é o Leão vitorioso. O rei das feras representa a força crua e majestosa do Rei dos reis. Ele, e somente ele, é poderoso e capaz de realizar todos os bons planos de Deus para o mundo. Nada pode parar esse Leão, pois, como C. S. Lewis escreveu, "Ele não é um leão domesticado".

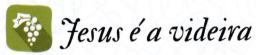 Jesus é a videira

"Eu sou a videira verdadeira, e meu Pai é o agricultor. Todo ramo que, estando em mim, não dá fruto, ele corta; e todo que dá fruto ele poda, para que dê mais fruto ainda." (João 15.1-2)

Jesus é a fonte de vida de todo cristão. Ele é a videira, e nós somos os ramos que brotam dessa videira. Só podemos realmente viver e crescer se estivermos conectados a ele. Não podemos agradar a Deus se não for por meio de Jesus. Precisamos dele para tudo o que fazemos.

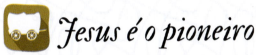 Jesus é o pioneiro

"Temos esta esperança como âncora da alma, firme e segura, a qual adentra o santuário interior, por trás do véu, onde Jesus, que nos precedeu, entrou em nosso lugar (...)." (Hebreus 6.19-20)

Jesus já deixou este mundo caído e voltou para a presença do Pai. Contudo, ele não fechou a porta quando fez isso. Ao contrário, Cristo deixou a porta aberta para o seu povo. Como pioneiro, primeiro de todos, ele abriu caminho para que nós o seguíssemos. E, se estivermos ligados a Jesus, podemos ter certeza de que, se ele chegou em segurança até o Pai, também chegaremos.

O Espírito Santo é como o vento

"O vento sopra onde quer. Você o escuta, mas não pode dizer de onde vem nem para onde vai. Assim acontece com todos os nascidos do Espírito." (João 3.8)

A palavra bíblica para "espírito" é a mesma usada para "sopro" ou "vento". Durante uma tempestade, podemos ver uma árvore sendo agitada e exclamar: "Olhe o vento!", mas não estamos realmente "enxergando" o vento; estamos vendo apenas o que ele está fazendo. O mesmo acontece com o Espírito de Deus.

O Espírito Santo realiza secretamente a obra de Deus na Terra. Ele se move, e não podemos ver como ele opera. No entanto, de maneira silenciosa e invisível, Deus está movendo as pessoas em direção à sua boa vontade.

O Espírito Santo é como um pássaro

"No princípio Deus criou os céus e a terra. Era a terra sem forma e vazia; trevas cobriam a face do abismo, e o Espírito de Deus se movia sobre a face das águas." (Gênesis 1. 1-2)

Você já viu a foto de uma ave mãe abrindo suas asas sobre seu ninho de ovos? Ela paira sobre os filhotes que ainda não nasceram. Ela traz calor e proteção ao fazer isso. A mãe está cuidando deles até que nasçam. De forma semelhante, o Espírito Santo plainou sobre este planeta no início de tudo, para trazer a criação à vida. E continua a oferecer vida espiritual a seres humanos que estão mortos no pecado.

O Espírito Santo é um conselheiro

"E eu pedirei ao Pai, e ele dará a vocês outro Conselheiro para estar com vocês para sempre, o Espírito da verdade. O mundo não pode recebê-lo, porque não o vê nem o conhece. Mas vocês o conhecem, pois ele vive com vocês e estará em vocês." (João 14. 16-17).

Durante os poucos anos em que Jesus viveu na terra, ele ensinou e encorajou os amigos. Ele era o conselheiro deles. Mas o que eles fariam quando Cristo tivesse que voltar ao Pai? Quem os ajudaria então? Jesus prometeu que enviaria o Espírito Santo para ficar em seu lugar, sendo o novo Conselheiro. E, até hoje, o Espírito continua nos ensinando, encorajando e fortalecendo.

 O Espírito Santo é como óleo

"Samuel apanhou o chifre cheio de óleo e o ungiu na presença de seus irmãos, e, a partir daquele dia, o Espírito do SENHOR apoderou-se de Davi (...)." (1Samuel 16. 13)

O profeta Samuel pegou um pouco de óleo e o derramou sobre o jovem Davi, abençoando-o para que, um dia, ele se tornasse rei. Isso mostrava que Davi havia sido escolhido por Deus para um trabalho especial. O Espírito, então, veio sobre Davi para que ele recebesse poder para realizar a vontade do Senhor. E, ainda hoje, o Espírito é como esse óleo ungido, que dá aos cristãos o poder para fazerem o que Deus pede a eles.

33

É POSSÍVEL PROVAR A EXISTÊNCIA DE DEUS?

Depende do que você entende por "provar". Não dá para tirar uma foto de Deus e mostrar para os amigos. Mas as "impressões digitais" do Senhor estão por toda parte. A existência do Deus que não podemos ver é o que melhor explica o mundo que podemos ver. É claro que o lugar onde mais conseguimos enxergar o Senhor é em sua Palavra. Porém, se olharmos com atenção ao nosso redor, é impossível não ver Deus.

LIVROS, PEÇAS E FILMES

Já percebeu como é comum vermos livros, peças de teatro e filmes que contam histórias que nos lembram a vida de Jesus? Parece que o coração humano foi criado com necessidade e desejo por um salvador, um rei e um amigo. Os personagens citados a seguir possuem semelhança com o tipo de pessoa que queremos, aquele tipo que só pode ser verdadeiramente encontrado em Jesus:

O Cavaleiro Solitário, luta pelo que é certo apesar de, muitas vezes, ser confundido com um criminoso.

Super-homem, veio ao mundo quando era bebê e luta para livrar o mundo do mal.

Soluço, de *Como treinar o seu dragão*: vence o mal por meio de humildade e bondade.

O gigante de ferro, salva os outros, sacrificando a si mesmo.

Balto, foi desprezado e rejeitado, mas ainda oferece tudo para resgatar quem precisa.

Sydney Carton, de *Um conto de duas cidades*: dá a vida no lugar de outros.

Jean Valjean, de *Os miseráveis*: gasta a vida mostrando misericórdia a quem não merece.

Aslan, de *As crônicas de Nárnia*: sacrifica a vida pelo pecado das pessoas.

Frodo, de *O senhor dos anéis*: em sua fraqueza, carrega o fardo do mal para salvar o mundo.

Mufasa, de *O rei leão*: entrega a vida para resgatar seu filho.

Anna, de *Frozen*: em um ato de amor verdadeiro, sacrifica a si mesma por quem não merece, trazendo vida ao mundo.

Optimus Prime, de *Transformers*: luta e morre para salvar o mundo e depois ressuscita.

131

HISTÓRIA ANTIGA E ESTUDOS SOCIAIS

Conhecemos os relatos sobre a criação e o dilúvio do livro de Gênesis. No entanto, outras culturas antigas também tinham histórias sobre a criação e o dilúvio com características semelhantes às de Gênesis. A história real, registrada na Bíblia, já foi conhecida em todo o mundo antigo.

Em 1849, o arqueólogo Austen Henry Layard descobriu tabuletas de argila da Babilônia antiga que continham um relato sobre a criação, conhecido como a *Enuma Elish*. Esse conto pagão da criação compartilha dos seguintes elementos da história verdadeira registrada em Gênesis 1 e 2:

- Antes da criação, existe escuridão.
- A luz brilha antes que o Sol, a Lua e as estrelas sejam gerados.
- A água é dividida em duas partes: as águas de cima e as águas de baixo.
- Depois de criar águas, terras, planetas e pessoas, há descanso.

Outros documentos antigos falam sobre um dilúvio que destruiu grande parte do planeta. O relato mais famoso é a *Epopéia de Gilgamesh*. Mas também existem histórias sobre dilúvios em culturas antigas ao redor de todo o mundo, incluindo as culturas: arcádia, assíria, céltica, caldeia, egípcia, alemã, grega, inuit, lituana, maori, persa, romana, russa, samoana, escandinava, suméria, transilvana, turca e galesa – e essa lista poderia continuar.

• • •

Em seu livro *Eternity in their Hearts* (Eternidade em seus corações), o missionário *Don Richardson* conta como pessoas em diferentes lugares e tempos têm dado as mesmas evidências da existência de um único Deus verdadeiro.

• Muitos grupos de indivíduos creem em um ser divino, o Criador de tudo. Aqui está uma amostra: os incas, da América do Sul; o santal, da Índia; o gedeo, da Etiópia; e o mbaka, da África Central.

Por exemplo, na década de 1920, um membro da tribo mbaka falou sobre este verdadeiro Criador, chamado "Koro". Ele disse: "Koro, o Criador, enviou uma mensagem aos nossos antepassados há muito tempo, dizendo que já enviou seu Filho ao mundo para realizar algo maravilhoso para toda a humanidade. Mais tarde, entretanto, nossos antepassados afastaram-se da verdade sobre o filho de Koro."

• As seguintes civilizações transmitiram histórias sobre um livro perdido que os ajudaria, se algum dia fosse redescoberto: o **Kachin**, do norte da Birmânia; o **Lahu**, perto da Tailândia e do Laos; o **Wa**, entre Burma e Yunnan, China; o **Kui**, da Tailândia e da Birmânia; o **Lisu**, da China; e a **Karen**, da Birmânia.

Um exemplo fascinante ocorreu em 1795, quando um homem da tribo karen descreveu o seu livro

PENSE NISTO

"Acredito no cristianismo como acredito que o sol nasce todo dia. Não apenas porque o vejo, mas porque, por meio dele, enxergo tudo ao meu redor."

—C. S. Lewis

perdido desta forma: "Dizem que o autor é Y'wa – o Deus Supremo."

• Uma vez por ano, o povo **Dyak**, de Bornéu, faz uma cerimônia em que coloca Dosaku ("meu pecado") em um barco, contendo uma lanterna e uma galinha. Então, manda o barco rio abaixo, para longe da aldeia. Enquanto o barco flutua e vai sumindo de sua vista, os moradores gritam: "Selamat! Selamat!" ["Estamos salvos! Estamos salvos!"].

• O idioma **chinês** escrito contém mais de duzentos símbolos básicos, que são combinados para formar palavras ou "caracteres". O caractere chinês que significa "justiça" é composto pelo símbolo usado para "cordeiro", que é escrito acima do símbolo utilizado para a palavra "eu". Como é semelhante à verdade da Bíblia! – a verdade bíblica de que as pessoas que se abrigam debaixo do sacrifício do Cordeiro de Deus são consideradas justas por ele!

• O caractere **chinês** para "barco grande" possui os seguintes símbolos: de um barco, de pessoas e do número oito (o número exato de pessoas que se refugiaram dentro da arca de Noé).

CANÇÕES PARA O CORAÇÃO

O SENHOR, O SEU DEUS (...) SE REGOZIJARÁ EM VOCÊ (...) ELE SE REGOZIJARÁ EM VOCÊ COM BRADOS DE ALEGRIA. Sofonias 3.17

Deus se alegra e canta! E ele deseja que cantemos também. Você sabia que canções e poesias preenchem cerca de 15% do Antigo Testamento? E por que isso? Porque o Senhor deseja que o amemos e o adoremos de todo coração. A palavra "salmo" significa "cântico de louvor".

Vamos ver como os salmos nos ajudam a adorar a Deus!

1. Os salmos ajudam a expressar nossas emoções. Há salmos de louvor e ação de graças para celebrarmos bons momentos (o salmo 98, por exemplo). Existem salmos de lamento para cantarmos quando estamos tristes (como o salmo 13).

SALMOS DE LOUVOR

Esses salmos celebram quem Deus é, como ele é e o que fez.

Exemplos:

Salmos 33, 100, 111, 113, 114, 117, 145, 146, 147, 150

SALMOS DE LAMENTO

Esses salmos levam nossas tristezas e dificuldades para diante de Deus – dor, culpa, desespero, inimigos etc.

Exemplos:

Salmos 3, 6, 7, 9, 12, 13, 25, 32, 38, 44, 51, 52, 55, 56, 57, 58, 62, 69, 70, 86, 89, 102, 120, 137, 140, 141, 143

SALMOS DE AÇÕES DE GRAÇAS

Esses salmos celebram o que Deus fez especificamente para ajudar seu povo.

Exemplos:

Salmos 18, 21, 30, 32, 34, 92, 103, 107, 116, 118, 124, 138

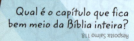

Qual é o capítulo que fica bem meio da Bíblia inteira?
Resposta: Salmo 118.

Qual é o capítulo mais curto da Bíblia?
Resposta: Salmo 117 (2 versículos).

Qual é o capítulo mais longo da Bíblia?
Resposta: Salmo 119 (176 versículos!).

Os salmos são uma ajuda para nós expressarmos todo tipo de emoção: luto (31.9), desespero (69.20), alegria (16.11), solidão (29.16), vergonha (69.19), temor (33.8), exultação (32.11), medo (23.4) e desejo (38.9). Os salmos também nos lembram de que não somos as únicas pessoas a nos sentirmos de um determinado jeito.

2. Os salmos lembram do próprio Deus. Quer a vida esteja triste ou feliz, Deus está sempre conosco. Diversas vezes, os salmos são uma lembrança disso. Em todo o livro de Salmos (até nos salmos de lamento), o Senhor está frequentemente fazendo algo bom para seus filhos. Por isso, procure por Deus quando ler os salmos.

Faça perguntas enquanto lê. Onde ele está? O que está fazendo? Como ele está fazendo isso? O que ele prometeu? Como ele é? O que está dizendo? Por que posso confiar nele?

3. Os salmos ajudam a louvar a Deus. Os salmos nos dão as palavras para dizermos e cantarmos ao Senhor. Deus deseja que nos relacionemos com ele de todo o coração! Você pode começar com um simples "Eu te amo", mas há tantas outras coisas que podemos dizer a Deus!

Se você quisesse começar a acender um fogo, essas palavras seriam o acender do fósforo. Deus nos deu a poesia e as canções para colocarmos ainda mais lenha no fogo do nosso louvor. Ler os salmos é como organizar, na lareira do nosso coração, a madeira seca que será incendiada pelas chamas da adoração!

PENSE NISTO

A poesia presente nos salmos é "um presente de Deus que nos permite expressar as nossas respostas mais profundas ao Senhor e à sua verdade de forma significativa e memorável. É uma maneira do coração se unir à mente e dizer: 'Sim! Sim! Sim!' às verdades que estamos aceitando".
—James Montgomery Boice

35

VENDO ESTRELAS

Se você pensou em estrelas de cinema quando leu o título deste capítulo, então se enganou. Mas a Bíblia menciona um tipo de estrela: as que você vê à noite no céu.

Nos tempos bíblicos, as pessoas usavam estrelas e constelações com muito mais frequência do que utilizamos atualmente. Como não existiam cidades cheias de luzes muito brilhantes, nem a poluição que temos hoje, era muito fácil ver as estrelas naquela época.

As estrelas, no período bíblico, eram usadas pelas pessoas para que acompanhassem os dias e as estações. Pense nisto: o que você faria se não tivesse calendário ou aplicativo de celular para dizer a data? As estrelas também eram utilizadas para a navegação. Não existiam mapas impressos, mas os viajantes sabiam por qual caminho seguir só de olhar para a posição das estrelas no céu (Leia os versículos: Gênesis 1.14-16; Mateus 2.9; Atos 27.20)

A Bíblia cita várias constelações e estrelas.

> **ELE DETERMINA O NÚMERO DE ESTRELAS E CHAMA CADA UMA PELO NOME.**
> (SALMO 147.4)

Capela

Plêiades

Aldebaran

PLÊIADES (AS SETE FILHAS)

As Plêiades são um conjunto de estrelas na constelação de Touro. No hemisfério norte, procure primeiro pela constelação de Auriga (em forma de pentágono). A estrela mais brilhante de Auriga é a Capela (uma estrela amarela brilhante). No mês de novembro, ela aparece algumas horas após o pôr do sol. Olhe ao sul da Capela para visualizar uma estrela laranja-avermelhada reluzente, chamada Aldebaran. (As Plêiades são mencionadas em Jó 9.9 e 38.31 e em Amós 5.8.)

Mais na próxima página ⟶

URSA MAIOR (O URSO)

Dentro da Ursa Maior está o asterismo (conjunto de estrelas que apresenta um formato definido) mais conhecido de todos, chamado "Caçarola". Ele forma a cauda da Ursa (leia Jó 9.9 e 38.32)

ÓRION (O CAÇADOR)

No inverno, encontre Órion olhando para o horizonte leste no mês de dezembro, após as oito horas da noite. No verão, Órion aparece um pouco antes do amanhecer, em agosto. O Cinturão de Órion é composto por três estrelas brilhantes alinhadas em uma fileira (Órion é citado em Jó 9.9 e 38.31 e em Amós 5.8)

O MAZZAROTH

A Bíblia também menciona uma constelação desconhecida chamada O Mazzaroth, que é, possivelmente, Cão Maior - a constelação que contém Sirius (leia Jó 38.32). Para encontrar Sirius, procure a estrela mais cintilante no céu. As três estrelas do "cinturão" de Órion apontam para essa estrela branco-azulada.

Você SABIA

A ESTRELA

"(...) 'Onde está o recém-nascido rei dos judeus? Vimos a sua estrela no Oriente e viemos adorá-lo.'" (Mateus 2.2)

Por quase dois mil anos, as pessoas se perguntaram qual era exatamente a "estrela" que levou os magos até Belém. Seria uma estrela nova que apareceu apenas por uma noite? Mas como uma estrela poderia realmente guiar as pessoas? Mais do que isso, como uma estrela poderia identificar uma determinada casa, entre tantas outras na aldeia de Belém? (Pense bem: você por acaso daria instruções a alguém sobre onde mora explicando que você — e não o seu vizinho — mora debaixo de uma determinada estrela?)

Em 2015, Colin Nicholl, um estudioso da Bíblia, trabalhando com astrônomos, anunciou a existência de uma descoberta simplesmente estelar — que se encaixa tanto na Bíblia quanto na astronomia. Nicholl afirmou que a "estrela de Belém" era, provavelmente, um grande cometa. (Cometas eram chamados de "estrelas" naquele tempo — da mesma forma que, hoje, nós ainda chamamos os meteoros de "estrelas cadentes".)

36

COMER OU NÃO COMER?

Deus criou os alimentos – e ele fez isso não somente para encher nosso estômago vazio. Poderia ter feito cada um dos alimentos com um só formato, cor e sabor. Você consegue imaginar ter que comer um mingau de aveia sem graça no café da manhã, no almoço e no jantar – por todos os dias da sua vida?

Porém, o Senhor criou alimentos com grande variedade de sabores, cores e texturas – não só para nos alimentarmos, mas para nos satisfazermos (1Timóteo 6. 17).

Jesus tinha prazer em compartilhar refeições com as pessoas (Lucas 7. 34). Se tivesse vivido nos tempos da Bíblia, você provavelmente faria duas refeições por dia, uma menor pela manhã e outra maior pela noite. Rute 2. 14 e 2Samuel 25. 18 mostram como era o cardápio daquela época.

Puro ou impuro?

No Antigo Testamento havia muitas regras sobre o que as pessoas podiam ou não comer. O livro de Êxodo, por exemplo, ensinava que carnes e laticínios (alimentos que são feitos a partir do leite) não podiam ser comidos juntos. Além disso, os alimentos eram divididos em dois grupos: "puros" – os que podiam ser comidos – e "impuros", que não podiam ser comidos. Infelizmente, o bacon e todo tipo de carne de porco eram proibidos.

Quanto de comida era consumida no palácio de Salomão diariamente?

Resposta: 180 alqueires de farinha, 360 alqueires de grãos, e 30 vacas, 100 ovelhas ou cabras, além de veados, gazelas e aves (1Reis 4.22).

LISTA DE COMPRAS

Aqui estão alguns alimentos que provavelmente estariam em sua mesa se você vivesse nos tempos bíblicos.

FRUTAS, VERDURAS E LEGUMES:

Maçãs (Cântico dos Cânticos 2.5)
Feijão (2Samuel 17.28)
Melões (Isaías 1.8)
Tâmaras (1Crônicas 16.3)
Figos (Neemias 13.15)
Suco de uva (Números 6.3)
Uvas (Mateus 7.16)
Alhos-porós (Números 11.5)
Lentilhas (Gênesis 25.34)
Pepinos (Números 11.5)
Azeitonas (Deuteronômio 24.20)
Cebolas (Números 11.5)
Romãs (Deuteronômio 8.8)
Uvas Passas (1Samuel 25.18)

CARNES

Bife (Gênesis 32.15)
Veado (Deuteronômio 14.5)
Pombos (Levítico 12.8)
Peixe (Lucas 24.42)
Cabrito (Gênesis 27.9)
Cordeiro (2Samuel 12.4)
Gafanhotos (Marcos 1.6)
Bois (1Reis 19.21)
Perdiz (1Samuel 26.20)
Rolinhas (Levítico 12.8)
Codornizes (Salmo 105.40)
Ovelhas (Deuteronômio 14.4)
Novilho (Lucas 15.23)

PÃES, GRÃOS E NOZES

Amêndoas (Gênesis 43.11)
Cevada (Deuteronômio 8.8)
Pão (Marcos 8.14)
Farinha (1Reis 17.12)
Painço (Ezequiel 4.9)
Pistache (Gênesis 43.11)
Grãos tostados (Rute 2.14)
Espelta (Ezequiel 4.9)
Pão sem fermento (Êxodo 12.20)
Trigo (Deuteronômio 8.8)

LATICÍNIOS

Manteiga (Jó 29.6)
Queijo (1Samuel 17.18)
Coalhada (Isaías 7.15)
Ovos (Lucas 11.12)
Leite (Juízes 5.25)

OUTROS

Canela (Êxodo 30.23)
Semente de coentro (Êxodo 16.31)
Cominho (Mateus 23.23)
Endro (Mateus 23.23)
Alho (Números 11.5)
Mel (Gênesis 43.11)
Hortelã (Mateus 23.23)
Mostarda (Mateus 13.31)
Azeite de oliva (Esdras 6.9; Deuteronômio 8.8)
Sal (Esdras 6.9)
Vinagre (Rute 2.14)

Pão sem fermento

Nos tempos bíblicos, durante a Páscoa, os pães eram feitos sem fermento. Veja a receita para fazer você mesmo um pão macio e sem fermento:

RECEITA
de Pão sem fermento
Rende 4 pães.

Ingredientes:
- 2 xícaras de farinha
- 1/2 colher (de chá) de sal
- 3 ½ colheres (de sopa) de manteiga
- 3/4 de xícara de leite
- 1 colher de sopa de azeite (para untar a frigideira)

Modo de preparo:
1. Coloque manteiga e leite em uma panela pequena e aqueça até a manteiga derreter (use um fogão ou forno de microondas).
2. Meça a farinha em uma tigela média. Para medir, coloque a farinha em um copo medidor e encha até o topo.
3. Misture o sal à farinha.
4. Junte a mistura de manteiga e leite à farinha com sal até obter uma massa macia.
5. Misture bem a massa por alguns minutos até que fique lisa. Adicione um pouco de farinha extra, caso a massa esteja muito pegajosa.
6. Enrole a bola de massa em plástico filme e deixe descansar em temperatura ambiente por cerca de trinta minutos.
7. Espalhe farinha em uma tábua de cortar. Desembrulhe a massa e divida-a em quatro partes iguais. Faça uma bola com cada pedaço e depois abra cada uma, amassando, para deixá-las planas e finas.
8. Unte levemente uma frigideira com óleo e leve ao fogo médio.
9. Coloque um pedaço de pão na frigideira e deixe ali por

Também era proibido comer mariscos, como camarão e caranguejo (que são deliciosos), ou pragas, como ratos e morcegos (que não são gostosos). (Você pode ler os detalhes dessas regras em Levítico 11 e Deuteronômio 14.)

O Senhor tinha bons motivos para esses mandamentos. Israel era o seu povo (Levítico 11.45). Os filhos de Deus deveriam refletir a santidade do Pai (2Samuel 7.23). Ele queira que seu povo fosse completamente diferente das nações pagãs ao redor deles — até mesmo naquilo que eles comiam e não comiam.

O Senhor queria que seu povo aprendesse uma lição: para ser verdadeiramente "puro", era preciso buscar a ajuda de Deus. No

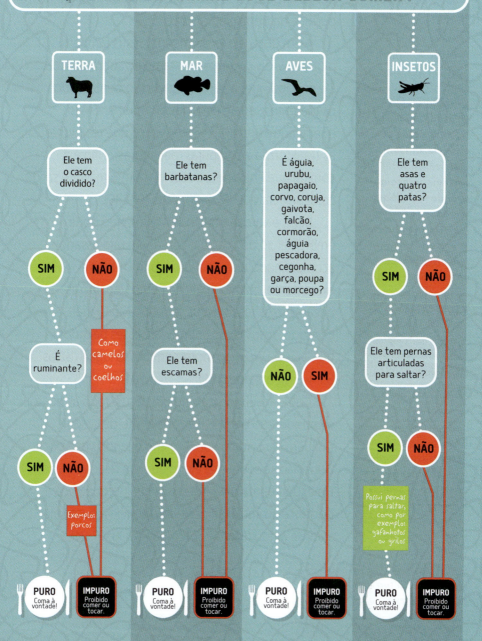

PENSE NISTO

O que é a santidade de Deus?

Quando a Bíblia diz que algo é "santo", significa que ele é diferente de qualquer outra coisa. Ele é separado, ou único. Os sacerdotes, por exemplo, usavam recipientes, potes e panelas especiais quando trabalhavam ao redor do templo. Eles não manuseavam os mesmos utensílios que utilizavam em casa. Aqueles usados no templo pertenciam a uma categoria especial: apenas para manejo no templo. Eles eram "sagrados" (1Crônicas 22.19).

No entanto, mais do que qualquer outra coisa, o próprio Deus é santo. Ele está nessa classe sozinho. Não há ninguém como ele. O Senhor é especial e único. Só existe um Deus — e é ele! (E quando o Senhor revela a sua santidade, vemos a sua glória: a sua divindade é exibida).

Antigo Testamento, o povo de Deus se aproximava do Senhor por meio dos sacrifícios. Já no Novo Testamento, Jesus é o nosso sacrifício, e, por causa dessa verdade, quando o buscamos com fé, ele nos purifica de dentro para fora.

Além disso, ao vir ao mundo, Jesus também mudou as leis do Antigo Testamento sobre comida. Ele ensinou que, a partir daquele momento, todos os alimentos seriam considerados puros. Cristo queria que as pessoas soubessem o que realmente as transforma em impuras (pecadoras). Não é a comida que entra pela boca, mas sim o mal que sai do coração (Mateus 15.10-20; Atos 10.9-15).

Bem, é verdade que o seu estômago pode embrulhar só de imaginar comer um rato assado, acompanhado por um morcego frito! Mas é exatamente assim que pensamentos e palavras pecaminosos fazem Deus se sentir. Muito mal! Contudo, Jesus levou sobre si até esses pecados horríveis na cruz, ao morrer em nosso lugar. (Isaías 53.4-6; 2Coríntios 5.21)

Como resultado da vinda de Jesus, todo alimento é considerado puro. E, se você é filho de Deus, também está purificado. Mesmo quando você peca, Deus não se sente mal e enojado em relação a você. Ele experimenta prazer na sua vida, porque você pertence ao seu Filho perfeito — aquele a quem ele sempre amou (Mateus 3.17; João 13.10; 17.24).

MAIS HOMENS QUE DERAM A VIDA POR CRISTO

John Huss

John Huss (ou *Jan Hus*) nasceu por volta de 1369 e morreu em 1415. Ele cresceu em uma família pobre do sul da Boêmia (atual República Tcheca), mas não gostava de ser pobre. Então decidiu se tornar padre – principalmente pelo dinheiro que ganharia e pelos relacionamentos com pessoas importantes que esse cargo proporcionaria a ele. John estudou em Praga, onde se tornou pregador, trabalhando na Capela de Belém. Era uma igreja grande e bastante popular.

Ao longo desse tempo, Deus tocou no coração de John e ele converteu-se verdadeiramente. Logo, creu no evangelho.

Após se tornar cristão, John caminhou para a compreensão das Escrituras: "Desejando guardar, crer e declarar tudo o que está contido aqui até meu último

> "Portanto, fiel cristão, busque a verdade, ouça a verdade, aprenda a verdade, ame a verdade, fale a verdade, abrace a verdade e a defenda até a morte; pois a verdade o libertará do pecado, do Diabo, da morte da alma e, finalmente, da morte eterna."

suspiro." Sua vida mudou completamente. Ele começou a levar uma vida simples e não se importou mais com dinheiro ou riquezas.

John passou até a pregar contra outros líderes de igrejas que estavam mais interessados em ganhar dinheiro do que em pregar sobre Jesus às pessoas. Quando esses líderes pediram que John parasse de pregar contra seus pecados, ele se recusou.

Em 1414, então, os líderes de tais igrejas convidaram John para uma reunião, pois queriam conversar sobre a questão. Eles prometeram a Huss que ele estaria seguro – mas mentiram. Ao chegar à reunião, John foi lançado à prisão e falsamente condenado. Os outros líderes o acusaram de estar pregando "heresias" (ensinando coisas que não estão na Bíblia).

No dia 6 de julho de 1415, John Huss, embora inocente, foi declarado culpado. Antes de ser queimado vivo, John disse aos acusadores:

"Oh, arrastem a minha pobre carcaça até a morte para que não possam mais pecar contra uma vítima inocente! (...) A minha confiança está no Deus Todo-poderoso e no meu Senhor Jesus Cristo, que me redimiu e me chamou para pregar o seu evangelho até o meu último suspiro (...) Que o seu nome bendito seja louvado por todos!"

Apesar de Huss ter morrido naquele dia, seu exemplo sobreviveu à morte. Pelos cem anos seguintes, sua morte deu coragem a muitos cristãos para defenderem o que era certo, mesmo que isso custasse sua vida. Um desses foi um jovem chamado Martinho Lutero.

MARTINHO LUTERO

Martinho Lutero viveu na Alemanha de 1483 a 1546. Naquela época, as Bíblias eram raras, então Lutero não podia ler por conta própria. As coisas que ele aprendeu sobre Deus não eram verdadeiras e reconfortantes. Pelo contrário, sua mente jovem foi preenchida por ideias falsas e aterrorizantes sobre quem era o Senhor.

"Aquilo a que seu coração se apega e em que confia é o seu verdadeiro Deus"

"Somos salvos somente pela fé, mas a fé que salva nunca está sozinha."

Lutero acreditava que Deus era um Juiz muito severo que, provavelmente, o castigaria para sempre. (A vida familiar de Lutero também era muito difícil. Seus pais eram tão severos que, certa vez, o menino apanhou por ter roubado uma noz.)

Depois de adulto, Lutero pensava que, quanto mais religioso fosse, mais Deus gostaria dele. Por isso, tornou-se monge e foi morar em um monastério. Lutero pensava que aquela disciplina severa era o que o Senhor desejava para ele. Portanto, passou a orar mais e a comer menos.

Lutero oferecia-se para fazer as tarefas mais pesadas, como esfregar o chão de pedra do monastério. Ele passava horas incontáveis estudando a Palavra de Deus. Contudo, não tinha paz no coração – e não tinha nenhuma segurança de que o Senhor o amava.

Então, certo dia, ele leu o seguinte no livro de Romanos:

PENSE NISTO

FÉ E OBRAS

ERRADO:
Salvação = Fé + Boas Obras

CORRETO:
Salvação + Fé = Boas Obras

"Porque no evangelho é revelada a justiça de Deus, uma justiça que do princípio ao fim é pela fé, como está escrito: 'O justo viverá pela fé'". (Romanos 1. 17)

O Senhor, nessa ocasião, abriu o coração de Lutero para que ele compreendesse a Boa-nova de que a salvação vem pela fé em Jesus, e não pelas boas obras. E entendeu que, por causa de Cristo, Deus não estava bravo com ele. Pelo contrário, por meio de Jesus, Deus declara todos os cristãos completamente "justos". Sobre esse momento em que seus olhos foram abertos, Lutero escreveu: "Senti que havia renascido e passado pelas portas abertas em direção ao Paraíso!"

No entanto, as dificuldades de Lutero não haviam terminado. Quando ele começou a pregar que as pessoas eram salvas apenas pela fé em Cristo, muitos líderes religiosos ficaram contra ele. Esses líderes acreditavam que as pessoas precisavam ter fé e praticar boas obras para agradarem a Deus e irem para o céu.

Então, assim como acontecera com John Huss, os líderes religiosos convidaram Lutero para uma reunião, prometendo que ele estaria seguro. Mas, os amigos de Lutero o lembraram do que tinha acontecido com Huss (cujo nome significa "ganso"). Eles o alertaram: "Eles vão cozinhar o seu ganso!"

Lutero, porém, decidiu confiar em Deus e, em 1521, foi para uma cidade chamada Worms (que em alemão significa "cidade em área aguada"), onde pediram que ele defendesse o que havia escrito. Os líderes religiosos perguntaram:

"Lutero, como você pode supor que é o único capaz de entender o sentido das Escrituras? Você é capaz de colocar seu julgamento acima do de tantos homens célebres e declarar que sabe mais do que todos eles? (...) Lutero, responda com franqueza – você repudia [nega] ou não seus livros e erros contidos neles?"

Lutero respondeu:

"A menos que eu seja convencido pelas Escrituras e pela razão (...), a minha consciência está atada à Palavra de Deus. Não posso e não vou me retratar de nada, pois ir contra a consciência não é correto nem seguro. Que Deus me ajude. Amém."

Os líderes religiosos condenaram Lutero, e, quando ele voltava para casa, foi sequestrado – por alguns amigos. Esses amigos o levaram escondido até o castelo de Wartburg, onde ficou escondido por quase um ano. Durante esse tempo, Lutero traduziu o Novo Testamento inteiro para o alemão de sua época. Finalmente, então, todas as pessoas poderiam ler a Palavra de Deus por conta própria.

Martinho Lutero viveu por mais 25 anos depois disso e, durante esse tempo, ajudou milhares de pessoas a ouvirem e confiarem nas boas-novas sobre Jesus Cristo. Ele casou-se após quarenta anos e criou seis filhos com sua mulher. Lutero pregava diversas vezes por semana e escreveu muitos hinos e livros. (Seus escritos somam 55 volumes!) Perto do fim de sua vida, Lutero explicou seu sucesso da seguinte forma: "Não fiz nada. A Palavra fez tudo."

JOHN BUNYAN

John Bunyan (1628–1688) cresceu perto de Bedford, Inglaterra – mais de oitenta anos depois e a mais de mil quilômetros de distância de Martinho Lutero. Quando criança, John sabia sobre a Bíblia, mas não era cristão. Ele escreveu mais tarde: "Era difícil encontrar alguém que praguejasse, xingasse, mentisse e blasfemasse tanto o santo nome de Deus quanto eu."

Durante esse período da vida, John quase foi morto várias vezes. Certa vez, quando estava no exército, ele deveria ficar de guarda no turno da noite, mas um amigo pediu para ocupar seu lugar. Naquela noite, seu amigo foi morto a tiros. Deus tinha outros planos para John.

Com o passar do tempo, Bunyan finalmente enxergou a verdade, assim como aconteceu com Huss e Lutero antes dele: Jesus veio ao mundo para viver uma vida perfeita e morrer pelos seus pecados. John escreveu:

> "[Deus] lançou em minhas mãos um livro de Martinho Lutero; era sobre o livro de Gálatas (...). Descobri a minha condição em sua experiência tratada de maneira tão ampla e profunda, que era como se o livro tivesse sido escrito por mim mesmo. (...) Prefiro esse livro de Martinho Lutero sobre Gálatas a qualquer outro que já tenha lido, exceto a Bíblia Sagrada."

"Ore frequentemente, pois a oração é um escudo para a alma, um sacrifício para Deus e um flagelo para Satanás."

"Quando cometer um pecado, não vá dormir sem se arrepender antes, pois a falta de arrependimento seguido do pecado torna o coração cada vez mais duro."

John (e Lutero) aprenderam que nossas boas obras e nossa bondade não nos fazem ganhar nada com Deus. O próprio Cristo é a nossa "justiça" (a nossa bondade). E, à medida que essa boa-nova transformava o coração de John, ela também começou a despertar nele o desejo de falar sobre isso. Embora fosse um pobre reparador de panelas, ele começou a pregar o evangelho de Jesus a todos que quisessem ouvir. E muitas pessoas ouviam – Bunyam era um excelente pregador!

Mas, a Inglaterra tinha uma igreja oficial do Estado que não permitia que qualquer pessoa pregasse. Por isso, John foi tirado de sua família e preso. Disseram a ele que só seria solto se prometesse parar de pregar sobre Jesus. John não aceitou e permaneceu preso – e fiel ao Senhor.

A vida na prisão era muito difícil. O lugar era lotado e tinha pouca comida. Ainda assim, John continuou firme, declarando: "Se eu fosse liberto hoje, estaria amanhã mesmo pregando o evangelho com a graça de Deus." Ele também disse: "Prefiro ficar preso até que cresça musgo em minhas pálpebras a desobedecer a Deus."

Ao longo da vida, John passou 12 anos na prisão. No entanto, de sua cela, ele escreveu um dos livros mais famosos já escritos na língua inglesa: *O peregrino* (leia o capítulo 31 para mais detalhes). Essa obra existe há mais de trezentos anos, já foi traduzida para mais de duzentos idiomas e lido por milhões de pessoas.

Os servos do Senhor podem ser presos, mas sua mensagem jamais poderá ser acorrentada.

OS PAIS NÃO SÃO PERFEITOS

O que vou dizer será um choque para você, mas atenção: seu pai e sua mãe cometem erros.

Eles podem perder a paciência. Talvez não passem muito tempo com você. Provavelmente não deixam você fazer o que quer. Além disso, sem dúvida, eles fazem você passar por situações constrangedoras. E tudo isso antes do café da manhã...

Como conviver com pais assim?

1. Lembre-se de que seus pais são pecadores (assim como você). Mesmo quando eles tentam ao máximo fazer o que é certo, também são capazes de pecar, assim como todos nós. Nenhum pai ou nenhuma mãe sabe todas as respostas, entende cada detalhe e age de forma perfeita. Eles são seus pais, mas não se esqueça: eles também são seres humanos limitados que lutam diariamente contra o pecado e precisam de um Salvador, bem como você. (Leia Efésios 6.4; Colossenses 3.21).

2. Confie que Deus o colocou na família perfeita. Isto é, perfeita para você. Mas não significa que a sua família seja perfeita. Quando Deus o colocou em sua família, sabia exatamente o que estava fazendo. Você se encaixa nela. Ele organiza cada família para o bem de seus membros. Você possui o pai e a mãe que tem (mesmo que não sejam biológicos) porque o Senhor quis assim. Contudo, como seus pais são pecadores, eles o decepcionarão. Porém, pode ter certeza (mesmo que eles o estejam enlouquecendo agora) de que um dia conseguirá enxergar o bom plano que Deus tinha para a sua família. (Leia Romanos 8.28; Gênesis 50.20)

3. Procure ajuda se estiver correndo perigo. Apesar de ser algo horrível de se pensar, algumas crianças são fisicamente machucadas por adultos. Às vezes, até membros da família podem fazer coisas ruins às crianças.
Se você estiver correndo perigo físico ou se já foi machucado por alguém, converse com um adulto em quem possa confiar. Pode ser uma professora, um orientador escolar, um médico ou um pastor. O Senhor o ajudará. (Leia o Salmo 27.10)

4. Deixe que seus pais pecadores o apontem ao Pai perfeito. O seu pai é seu pai. Mas Deus é O Pai – o Pai supremo. Antes mesmo de criar o mundo, ele já era Pai. Ser Pai não é simplesmente algo que Deus realiza. É quem ele é. Deus é Pai em tudo o que faz. Isso significa que todo o conceito de pai (e mãe) vem de Deus. Portanto, deixe que seus pais – mesmo em seus defeitos – o apontem para o Pai que sempre vai proteger você e satisfazer as suas necessidades. (Leia João 17.24; Efésios 3.14-15)

39

DIFERENÇAS ENTRE O DIA E A NOITE

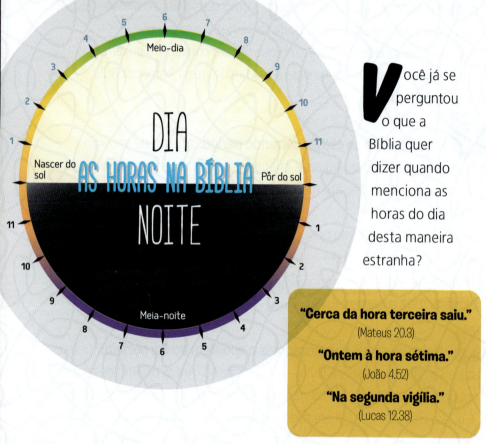

As horas na Bíblia

Você já se perguntou o que a Bíblia quer dizer quando menciona as horas do dia desta maneira estranha?

> "Cerca da hora terceira saiu."
> (Mateus 20.3)
>
> "Ontem à hora sétima."
> (João 4.52)
>
> "Na segunda vigília."
> (Lucas 12.38)

As pessoas controlavam o tempo da seguinte forma naquela época: o dia era dividido em 12 partes (ou "horas") iguais. A primeira hora começava ao nascer do sol. A última terminava ao pôr do sol. (E, sim, isso significa que a "hora" tinha duração diferente, dependendo da extensão do dia, se fosse mais curto ou mais longo. No inverno, por exemplo, as horas eram mais breves do que no verão).

As noites funcionavam do mesmo jeito. Elas eram quebradas em 12 partes, ou "horas" iguais. A noite tinha 12 horas, e a meia-noite terminava a sexta hora da noite, enquanto o nascer do sol terminava a décima segunda hora. Essas horas noturnas eram divididas em vários blocos ou "vigílias", como eram chamados, durante os quais um guarda ficava de vigia. O povo judeu dividia a noite em três vigílias, enquanto os romanos a partiam em quatro.

PENSE NISTO

QUE HORAS SÃO? (SEGUNDO OS TEMPOS BÍBLICOS)

Para descobrir que horas são — segundo os tempos bíblicos —, olhe para o seu relógio:

- Se for antes da hora do almoço, subtraia seis da hora que está marcando em seu relógio.
- Se tiver passado da hora do almoço, adicione seis à hora que está marcando em seu relógio.
- Se tiver passado da hora do jantar, subtraia seis da hora que está marcando em seu relógio.
- Se for mais de meia-noite, adicione seis à hora que está marcando em seu relógio.

Por exemplo: caso o seu relógio esteja marcando 10 horas da manhã, subtraia seis. De acordo com o período bíblico, portanto, seria a quarta hora.

Vamos praticar!

Pergunta:
O seu relógio está marcando 5 horas da tarde. Que horas são, segundo os tempos bíblicos?

Resposta: 5 + 6 = 11ª hora do dia, segundo os tempos bíblicos.

Pergunta:
O seu relógio está marcando 9 horas da noite. Que horas são, de acordo com os tempos bíblicos?

Resposta: 9 − 6 = 3ª hora da noite segundo os tempos bíblicos.

 Quem são as quatro pessoas mais velhas da Bíblia?

Resposta: Matusalém, 969 anos (Gênesis 5.27); Jarede, 962 anos (Gênesis 5.20); Noé, 950 anos (Gênesis 9.28); Adão, 930 anos (Gênesis 5.5).

40
COMO TER MAIS NOÇÃO SOBRE DEUS

Pois o que de Deus se pode conhecer é manifesto entre eles, porque Deus lhes manifestou. Pois desde a criação do mundo os atributos invisíveis de Deus, seu eterno poder e sua natureza divina, têm sido vistos claramente, sendo compreendidos por meio das coisas criadas, de forma que tais homens são indesculpáveis.

Romanos 1.19–20

Você já notou como as janelas embaçam em dias chuvosos? Olhamos para fora e só conseguimos ver os formatos de árvores, casas e carros.

A Bíblia diz que é assim que nós enxergamos Deus (1Coríntios 13.12). É claro que nenhum ser humano neste planeta pode ver a Deus com seus próprios olhos. Mas ele criou este mundo para ser como uma janela embaçada por meio da qual conseguimos ter uma noção, um vislumbre, de como ele é (Salmo 19.1).

Porém, a pergunta é: como podemos ter um vislumbre de Deus, observando o mundo que ele criou?

Leia os versículos bíblicos citados a seguir para descobrir exemplos de onde, na criação, podemos aprender sobre o Senhor. Depois, observe as fotos e reflita o que elas revelam sobre a natureza do nosso Deus Criador.

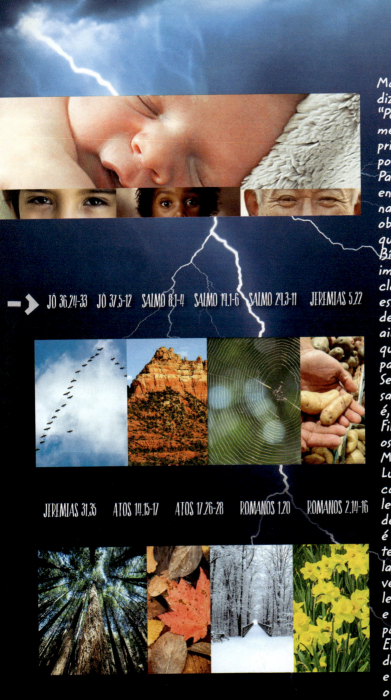

Martinho Lutero dizia que vemos Deus "Parcialmente por meio de suas obras, principalmente por meio de sua Palavra". Na criação, enxergamos a natureza de Deus ao observarmos tudo o que ele fez. Mas, na Bíblia, vemos uma imagem ainda mais clara do Criador. E essa imagem bíblica de Deus torna-se ainda mais evidente quando olhamos para Jesus Cristo. Se você quiser saber como Deus é, observe bem seu Filho Jesus. Ao ler os evangelhos de Mateus, Marcos, Lucas ou João, não comece a leitura levando suas ideias de como Deus é para, depois, tentar encaixá-las em Jesus. Em vez disso, inicie a leitura observando e ouvindo as palavras de Jesus. Ele mostrará a você de forma exata e perfeita como o Senhor é. (Leia Hebreus 1.1-4)

Respostas: Jó 36.24-33 (tempestades); Jó 37.5-12 (tempestades de inverno); Salmo 8.1-4 (espaço sideral, lua, estrelas); Salmo 19.1-6 (céu, espaço sideral); Salmo 29.3-11 (ventos); Jeremias 5.22 (litoral); Jeremias 31.35 (horário regular do sol, lua, estrelas e oceanos); Atos 14.15-17 (chuva, estações, colheitas); Atos 17.26-28 (nações); Romanos 1.20 (bênçãos gerais da criação); Romanos 2.14-16 (consciência).

41

COMO RECEBER AJUDA DOS PROFETAS

Seus pais: "Filho, diga ao seu irmão que pare de brincar, entre em casa e arrume o quarto."

Você: "A mamãe quer que você arrume o quarto."

Irmão: (Continua brincando)

Você: "Ei, a mamãe mandou você entrar e arrumar o quarto!"

Irmão: "O que você disse?"

Você: "A MAMÃE MANDOU ENTRAR AGORA!"

Os profetas concordariam com você: não é fácil ser um mensageiro. Deus escolheu Israel como seu povo e deu a eles sua Lei. Mas, muitas vezes o povo de Israel agia como o irmão do diálogo anterior, que queria continuar brincando e não ouvir a Deus ou aos mensageiros, os profetas. Israel só desejava fazer as próprias vontades. Aqui estão outras formas de entender como era o trabalho dos profetas do Antigo Testamento...

Os profetas eram como árbitros.

Os profetas agiam como os árbitros de hoje, apitando sempre que o povo de Deus ultrapassava os limites, rejeitando a Lei. Eles tentavam ajudar os filhos de Deus a ouvir e a obedecer ao Senhor. Alguns profetas até pregavam contra os reis incrédulos, que tinham o poder de executá-los por isso. (E alguns reis realmente mataram profetas!)

Mas o Senhor não desistiu do povo. O Antigo Testamento mostra que ele continuou enviando mensageiros – muitos mensageiros. Felizmente, eles também levavam boas notícias para Israel.

Os profetas eram como comentaristas esportivos.

Os profetas não só advertiam o povo de Deus como também prometiam que um dia o Senhor os abençoaria. Dessa forma, eles agiam como comentaristas esportivos, pois, no final, previam qual seria o resultado dos eventos. E falavam mensagens encorajadoras aos pecadores: "O Senhor ainda os ama. Abandonem o pecado. Ele prometeu enviar o Salvador e Rei perfeito para tirar os seus pecados e consertar todas as coisas." O pecado tinha destruído tudo; porém, de acordo com os profetas, ainda havia esperança para o futuro. Sua mensagem básica parecia simples, entretanto muitas pessoas ainda têm dificuldade de ler os livros dos profetas.

Os profetas eram como treinadores.

Você já assistiu a algum jogo esportivo e percebeu que o treinador fica sinalizando para os jogadores? Às vezes eles se comunicam sobre as próximas jogadas, gritando um código secreto um para outro ou fazendo sinais estranhos com as mãos. O treinador sabe o que está falando, e os jogadores também entendem o que ele pretende dizer com aquilo.

Já os torcedores e, com sorte, o time adversário não entendem. E por que é assim? Porque o treinador e os jogadores passaram muito tempo juntos – planejando, conversando e treinando. Os sinais e códigos são

Você SABIA?

1/3 PROFECIA

Cerca de um terço da Bíblia é classificada como "profecia", pois aproximadamente 18 dos seus 66 livros são dedicados em grande parte à profecia. Existiam os profetas que escreviam e aqueles que apenas falavam. Os que escreviam escreveram suas mensagens nos livros bíblicos e são chamados profetas maiores e profetas menores ("maiores" porque os livros são maiores; e "menores" porque os livros são mais curtos).

Esses profetas incluem Isaías, Jeremias, Ezequiel, Daniel, Oseias, Amós e outros.

---

familiares a eles. O mesmo acontecia com os profetas.

Se você já leu algum dos livros proféticos da Bíblia, sabe que nem sempre eles são fáceis de entender. Porém, os profetas e o povo conheciam a mensagem de Deus. Por quê? Porque eles viviam na mesma época, na mesma região e passavam pelas mesmas experiências.

Então, quando você estiver lendo os profetas, lembre-se de que, para entender o que está escrito, precisará saber melhor o que ocorria naquele tempo. Livros, estudos bíblicos, pastores e professores dominicais podem ser de grande ajuda nessa questão.

• • •

Ler os profetas não é fácil, mas aqui estão alguns exercícios básicos para você praticar e começar a leitura.

Leia as seguintes passagens e depois faça as perguntas a seguir.

Isaías 1. 1–20 e 30. 15

Jeremias 18. 1–11 e 29. 13

Oseias 14. 1–7

Amós 5. 4–15

Miqueias 6. 1–8

Qual livro do Antigo Testamento é o mais citado no Novo Testamento?

Resposta: Isaías (419 vezes); Salmos é o segundo, com 414 citações.

ao ler os profetas, pergunte-se...

> **1.**

Estou desobedecendo a Deus? O que precisa mudar em minha vida?

> **2.**

Em que momento dessa profecia Deus promete graça, misericórdia, bênçãos, perdão e um Salvador? O que aprendi sobre o amor de Deus pelo seu povo pecador? O que Deus prometeu a mim por eu pertencer a Jesus?

> **3.**

Há algum detalhe desse texto que eu não tenha entendido? Há nomes ou acontecimentos que eu possa estudar melhor?

42

GENES DO PROJETO INTELIGENTE (E MAIS)

> **OS CÉUS DECLARAM A GLÓRIA DE DEUS; O FIRMAMENTO PROCLAMA A OBRA DAS SUAS MÃOS.**
> **SALMO 19.1**

Ciências e matemática podem ser (ou não) as suas matérias preferidas. Mas, quer você goste delas ou não, ambas apresentam provas de que há um Deus. Ninguém pode "provar" cientificamente que Deus existe. Porém, temos alguma explicação melhor para os fatos citados a seguir?

COMPLEXIDADE SIMPLES

O seu corpo é composto por trilhões de células. Toda célula que tem um núcleo possui DNA. O DNA é como uma receita – é o material que contém todas as informações (chamadas "genes") sobre a sua aparência e sobre como as diversas partes do seu corpo funcionam. Ele determina o seu sexo, a cor dos seus olhos, a cor do seu cabelo, o formato da sua orelha, do seu queixo, da sua testa, se você tem covinhas na bochecha, etc.

Curiosamente, cerca de 99,9% do DNA de todo ser humano na terra é exatamente o mesmo. É aquele um décimo de 1% que

Estante real de informações de DNA para a célula de UM genoma humano.

faz com que cada pessoa seja diferente das outras.

No entanto, há algo ainda mais incrível: sua receita de DNA (também chamada de "genoma") contém mais de três bilhões de peças de informação (chamadas "pares de bases").

Essa quantidade de informação é quase igual a três gigabytes de armazenamento de dados de um computador – e tudo isso dentro de uma única célula. É como ter duzentos livros de mil páginas, cada um, dentro de uma pequena célula. Uma pessoa levaria mais de nove anos para ler essa quantidade de informação!

Você sequer suspeitou, ao se arrumar para sair hoje, que estava colocando uma roupa por cima de 15 quintilhões (15.000.000.000.000.000.000) de "páginas" de informação. (Imagine como seria legal se pudesse acessar todas essas informações quando estivesse fazendo uma prova na escola.)

Como podemos explicar a existência dessa quantidade de informações? É claro que deve haver um Deus que criou cada um de nós. Fomos feitos de modo "especial" e "admirável" (Salmo 139.14) por um Criador sábio e poderoso.

165

PADRÕES PREVISÍVEIS

Deus criou um universo que funciona por meio de padrões nos quais podemos confiar. Aqui está um exemplo:

O Dr. Theodore P. Hill pediu aos seus alunos do Instituto de Tecnologia da Geórgia que fossem para casa e (A) que jogassem uma moeda ao ar duzentas vezes e anotassem os resultados, ou (B) fingissem que fizeram isso e anotassem os resultados falsos. No dia seguinte, para espanto dos alunos, o professor, só de olhar os resultados do exercício, conseguiu descobrir quem havia apenas fingido jogar a moeda.

O que os alunos geralmente não sabem é que as chances de que se obtenha seis caras ou seis coroas seguidas são esmagadoras.

Essa segurança da natureza foi denominada "Lei de Benford", em homenagem ao Dr. Frank Benford (1883–1948). Essa lei afirma que os chamados números aleatórios não são aleatórios de verdade, mas existem, seguindo padrões previsíveis. O "puro acaso" simplesmente não existe em nosso universo.

Existem outras leis confiáveis que são mais conhecidas. Se pular de um penhasco, por exemplo, pode ter certeza de que a lei da gravidade será a última que você quebrará. Se medirmos a velocidade da luz, o resultado será sempre 300km por segundo. Se esperarmos cerca de 24 horas, o sol estará mais ou menos no mesmo lugar no céu.

O mundo criado por Deus segue padrões que ele próprio projetou.

LEIS AJUSTADAS

Você sabia que a gravidade é uma força relativamente fraca? Pegue um imã pequeno e veja como ele vence com facilidade a gravidade para se juntar a clipes de papel de cima de uma mesa, por exemplo. No entanto, se a gravidade é tão moderadamente branda, por que dói tanto quando caímos no chão?

GRAVIDADE DEMAIS

A resposta é que a força da gravidade dobra de acordo com a massa do objeto sobre o qual ela age.
(Em outras palavras, quanto maior o objeto, mais forte a queda.) É por isso que criaturas com massa menor, como ratos, por exemplo, podem cair a uma distância muitas vezes maior do que o comprimento do seu próprio corpo e não se machucar.

Se, contudo, imaginarmos um universo com uma gravidade forte, segundo o cientista Martin Rees:

"Nenhum animal poderia ser muito maior do que um inseto, e até os insetos precisariam de pernas mais grossas para suportar seu peso. A gravidade esmagaria qualquer coisa que tivesse nossa massa. (...) As estrelas teriam uma densidade tão grande que as colisões seriam frequentes. Isso por si só impediria a existência de sistemas planetários estáveis, porque as suas órbitas seriam constantemente perturbadas pela passagem de estrelas – algo que (felizmente para o nosso planeta) é improvável de acontecer em nosso sistema solar."

As leis precisas da gravidade, necessárias para viver em nosso planeta, exigem a existência de um Criador todo-poderoso e onisciente. É Deus que sustenta todas as coisas – sejam átomos ou galáxias (Colossenses 1. 17).

43
COMO ORAR

Pelo que você costuma orar? É muito fácil simplesmente pedir a Deus aquilo que desejamos.

"Eu quero muito um iPad novo."

"Gostaria muito de ganhar sapatos que combinassem com meu vestido rosa."

"Senhor, por favor, me dê outro irmão (O que eu tenho é muito ruim)."

Contudo, Deus também deseja que você ore por coisas importantes que podem mudar sua vida. Felizmente, o Senhor nos revelou qual é o tipo de coisa pela qual devemos orar. Podemos encontrar isso na oração mais conhecida da Bíblia: a oração do "Pai Nosso". (Jesus ensinou essa oração para ser um exemplo de como devemos orar.)

"Vocês, orem assim:
'Pai nosso, que estás nos céus!
Santificado seja o teu nome.
Venha o teu Reino; seja feita a tua vontade, assim na terra como no céu.
Dá-nos hoje o nosso pão de cada dia.
Perdoa as nossas dívidas, assim como perdoamos aos nossos devedores.
E não nos deixes cair em tentação, mas livra-nos do mal, porque teu é o Reino, o poder e a glória para sempre.
Amém.'"

Mateus 6.9–13

Aqui está uma forma útil de pensarmos sobre esse modelo de oração.

Você já foi a um retiro da igreja? Na maioria

das vezes, passar uma semana fora de casa é divertido! Novos amigos, brincadeiras legais e muita comida! Em alguns momentos, porém, essas viagens podem ser difíceis, como parece ter sido o caso do menino que escreveu este bilhete:

> Papai e mamãe,
>
> Estou com muita saudade e gostaria que vocês estivessem aqui. Tenho certeza de que, se estivessem aqui, a comida seria muito melhor e não haveria tantas crianças doentes! Vocês poderiam me enviar alguns itens? Preciso de algumas coisas para comer e de roupas quentes. Está chovendo muito, então as trilhas para caminhadas estão cheias de lama e escorregadias. Um menino caiu ontem e precisou ser levado para o pronto-socorro. Há, pelo menos, uma coisa boa: só faltam alguns dias para eu voltar para casa. Por favor, cheguem cedo no sábado para me buscar — melhor ainda, venham na sexta!
>
> Um beijo,
> André

A oração do Pai Nosso é parecida com essa cartinha do André: é o clamor de um coração que sente saudade de Deus. As duas primeiras frases da oração imploram que o Senhor venha consertar este mundo. Mas, como o Criador ainda não renovou todas as coisas, as duas últimas frases pedem que ele atenda às nossas necessidades neste mundo caído (necessidades de ajuda, perdão e proteção).

PENSE NISTO

Certa vez, enquanto cortava o cabelo de Martinho Lutero, seu barbeiro pediu conselhos sobre como deveria orar. Aqui está o que Lutero escreveu para ele pouco depois:

"Um barbeiro bom e atento mantém seus pensamentos, sua atenção e seus olhos na navalha e no cabelo que está cortando, ou na barba que está raspando, sem se esquecer do quanto já cortou e barbeou e do quanto ainda falta. Se ele se deixar levar por muita conversa ou distração e permitir que sua mente vagueie, pode acabar cortando a boca, o nariz ou até a garganta do cliente! Portanto, para fazer qualquer coisa bem feita, é necessária a atenção total de todos os sentidos e membros. Isso, em suma, é como me comporto quando oro o Pai Nosso."

IMITANDO A ORAÇÃO DO PAI NOSSO

Faça sua própria oração, usando o Pai Nosso, ensinado por Jesus, como modelo.

1. PAI NOSSO, QUE ESTÁS NOS CÉUS! SANTIFICADO SEJA O TEU NOME.

Oramos para que o mundo todo saiba que o Senhor é santo e adore apenas a ti.

2. VENHA O TEU REINO; SEJA FEITA A TUA VONTADE, ASSIM NA TERRA COMO NO CÉU.

Conserte tudo o que está errado; renove todas as coisas.

3. DÁ-NOS HOJE O NOSSO PÃO DE CADA DIA.

Dá-nos tudo de que precisamos todos os dias – comida, roupas e abrigo. Confiamos que o Senhor conhece todas as nossas necessidades.

4. PERDOA AS NOSSAS DÍVIDAS, ASSIM COMO PERDOAMOS AOS NOSSOS DEVEDORES.

Perdoa-nos por todas as coisas erradas que fazemos e ajuda-nos a perdoar aqueles que fizerem coisas ruins contra nós.

5. E NÃO NOS DEIXES CAIR EM TENTAÇÃO, MAS LIVRA-NOS DO MAL.

Ajuda-nos a andar perto de ti, confiando no Senhor para nos proteger e nos impedir de pecar.

Sabia que a Bíblia está repleta de outras orações também? Podemos aprender muito com essas orações. Aqui estão algumas que foram agrupadas em várias categorias diferentes:

SENHOR, TORNA O TEU NOME CONHECIDO

Ezequias orou: "Agora, SENHOR nosso Deus, salva-nos das mãos dele, para que todos os reinos da terra saibam que só tu, SENHOR, és Deus." (2Reis 19.19)

Jeremias orou: "Embora os nossos pecados nos acusem, age por amor do teu nome, ó Senhor!" (Jeremias 14.7)

Salomão e Habacuque oraram: "(...) Encha-se toda a terra da sua glória. (...)" (Salmo 72.19)

SENHOR, NÓS TE LOUVAMOS

Davi orou: "Bendiga o SENHOR a minha alma! Bendiga o SENHOR todo o meu ser!" (Salmo 103.1)

Maria orou: "(...) Minha alma engrandece ao Senhor, e o meu espírito se alegra em Deus, meu Salvador (...) pois o Poderoso fez grandes coisas em meu favor; (...)." (Lucas 1.46-49)

SENHOR, NÓS TE AGRADECEMOS

Paulo orou: "(...) devemos sempre dar graças a Deus por vocês; e isso é justo, porque a fé que vocês têm cresce cada vez mais (...)" (2Tessalonicenses 1.3)

Asafe orou: "Damos-te graças, ó Deus, damos-te graças, pois perto está o teu nome; todos falam dos teus feitos maravilhosos." (Salmo 75.1)

SENHOR, PERDOA-NOS

Daniel orou: "nós temos cometido pecado e somos culpados. Temos sido ímpios e rebeldes, e nos afastamos dos teus mandamentos e das tuas leis. (...) SENHOR, perdoa!" (Daniel 9.5-6, 19)

Esdras orou: "(...) os nossos pecados cobrem a nossa cabeça e a nossa culpa sobe até os céus." (Esdras 9.6)

SENHOR, AJUDA AS OUTRAS PESSOAS

Uma mulher cananeia orou: "Senhor, Filho de Davi, tem misericórdia de mim! Minha filha (...) está sofrendo muito." (Mateus 15.22)

Paulo orou: "Que o Senhor faça crescer e transbordar o amor que vocês têm uns para com os outros e para com todos (...)" (1Tessalonicenses 3.12)

SENHOR, AJUDA-ME

Ana orou: "(...) Ó SENHOR dos Exércitos, se tu deres atenção à humilhação de tua serva, te lembrares de mim e não te esqueceres de tua serva (...)." (1Samuel 1.11)

Asa orou: "(...) SENHOR, não há ninguém como tu para ajudar os fracos contra os poderosos. Ajuda-nos, ó SENHOR, ó nosso Deus, pois em ti pomos a nossa confiança (...)." (2Crônicas 14.11)

44

TRABALHO DURO? É MOLEZA!

Pulei da cama quando ouvi o caminhão de lixo entrando na rua. Eu tinha 12 anos e havia me esquecido de cumprir minha obrigação semanal de tirar o lixo! Aquela não era a primeira vez que eu não me lembrava de colocá-lo para fora. Como resultado disso, a pilha de sujeira só aumentava nos fundos da casa. O meu pai já tinha me ameaçado, dizendo: "Se o lixo não for tirado esta semana, ele ficará dentro do seu quarto até a semana que vem!"

E foi por isso que saí correndo, de pijama, atrás do caminhão dos garis naquele dia! Eu precisava alcançá-lo! Sabia o que aconteceria com meu quarto (e com meu nariz) se o lixo não fosse levado naquele momento.

Mas, o problema não era só eu ter me esquecido de tirar o saco de lixo de casa. A questão mais profunda por trás disso era: eu não gostava de trabalhar. Ao longo dos anos, o Senhor teria muito a me ensinar sobre o trabalho e sobre ele próprio. Aqui estão algumas coisas que aprendi:

1. Deus trabalha.

Como Deus trabalha, nós também trabalhamos. Afinal, fomos feitos à sua imagem. Na Bíblia, o Senhor descreve a si mesmo por meio de diferentes tipos de trabalhadores: um oleiro (Isaías 64. 8), um alfaiate (Gênesis 3. 21), um agricultor (Isaías 5. 1), um guerreiro (Habacuque 3. 10-15), um pastor (Salmo 23. 1-4) e um anfitrião (Salmo 23. 5-6)!

Portanto, quando trabalhamos em qualquer área, refletimos aquele que nos criou do pó da terra. Artistas manuseiam tinta, argila, metal e muitas outras coisas para criar suas obras. Músicos usam sons para criar e tocar músicas. Escritores, poetas, jornalistas e filósofos empregam palavras para dar forma a ideias e observações. Médicos utilizam uma grande variedade de materiais para diagnosticar e tratar doenças e lesões.

Chefes de cozinha usam carnes, legumes, verduras, frutas, ervas e especiarias para fazer comidas deliciosas. E a lista continua. Todo ser humano possui a capacidade para realizar algo, porque todos fomos criados à imagem de um Deus que trabalha. (Leia Gênesis 1. 27)

2. Deus é um *designer.*

De onde veio o trabalho? Você pode pensar que ele começou depois que o pecado entrou no mundo. Às vezes, parece mesmo um castigo! Mas, na verdade, o trabalho faz parte do projeto de Deus para a criação. O Senhor colocou Adão no Jardim do Éden com uma lista de tarefas para fazer.

O trabalho já fazia parte do projeto do Criador desde o início. O pecado apenas tornou o trabalho difícil. No entanto, Deus continua desejando que trabalhemos. Então, quando você tiver que ajudar a guardar as roupas, cortar a grama, limpar o banheiro ou arrumar alguma bagunça, lembre-se de que o trabalho – mesmo que seja difícil, chato ou nojento – continua fazendo parte do plano de Deus para a sua vida.
(Leia Gênesis 1. 26; 2. 15; 3. 17-19)

> **Tudo o que fizerem, façam de todo o coração, como para o Senhor, e não para os homens.**
> Colossences 3.23

3. Deus é um chefe.

Deus dá trabalhos específicos aos seus filhos. Ele chamou Saul e Davi para serem reis, por exemplo; chamou Jeremias e Ezequiel para serem profetas; e Bezalel e Aoliabe para serem artesãos e tecelões (Êxodo 35.34-35).

Mas você sabia que Deus é o seu chefe? Quando cumpre uma tarefa ordenada por seus pais – até mesmo as atividades domésticas diárias –, para quem você está trabalhando na verdade? Quando trabalha, "é a Cristo, o Senhor que vocês estão servindo" (Colossenses 3.23-24).

● ● ●

Portanto, não siga o meu exemplo. Não recomendo a ninguém correr atrás do caminhão de lixo de pijama! Aprenda, em vez disso, a gostar do trabalho – seja do dever de casa ou das tarefas domésticas. Trabalhe duro por amor ao Senhor.

Quantos trabalhadores cortaram as pedras para a construção do Templo de Salomão?

Resposta: 150.000 cortadores de pedra (1Reis 5.15; 2Crônicas 2.18).

A MAIOR História de Amor DO MUNDO

A História - a história *Dele* - é uma história de amor. E a Bíblia nos conta como tudo começou: com Deus. Gênesis 1.1 diz: "No princípio Deus criou os céus e a terra." Mas o que o Senhor estava fazendo antes de criar todas as coisas?

O amor existe (antes da criação)

Jesus orou: "Pai (...) me amaste antes da criação do mundo" (João 17. 24). Antes da criação, Deus amava. Ele sempre amou o seu Filho. E o Filho sempre amou o Pai. Deus Pai, Deus Filho e Deus Espírito Santo – os três membros da Trindade – sempre se amaram. O Senhor nunca esteve sozinho ou solitário. É por isso que o apóstolo João escreve: "Deus é amor" (1João 4. 8).

O amor compartilha (na criação)

Deus desejou compartilhar seu amor com os outros. Por isso, ele criou um mundo que apresenta seu amor maravilhoso. Criou Adão e Eva, o primeiro homem e a primeira mulher, para que eles aproveitassem seu

PENSE NISTO

"Por ser triúno [três em um], Deus é um Deus que compartilha, um Deus que ama incluir. Na verdade, é por isso que ele criou tudo o que criou. Seu amor não foi feito para ser guardado, mas compartilhado."

—Michael Reeves

amor. Eles podiam sentir o amor de Deus enquanto desfrutavam e cuidavam do mundo maravilhoso criado pelo Senhor.

Eles conheceram o amor do Pai ao povoarem a Terra com filhos que passaram a amar a Deus também. E amavam o Senhor acima de tudo. Portanto, no início, durante algum tempo, as coisas estavam perfeitas. Nada tinha de errado: sem lágrimas, dor, doença, pecado e, pelo menos por algum tempo, sem nenhum dever de casa. (Leia 1Timóteo 6. 17; Salmo 19. 1-2; Gênesis 2.16, 17, 28)

O amor é rejeitado (no Jardim)

Contudo, Adão e Eva fizeram uma coisa que teve consequências terríveis. Eles decidiram viver segundo suas próprias regras, em vez de obedecerem a Deus. Adão e Eva comeram o fruto que o Senhor havia proibido. Eles escolheram amar mais uma coisa criada por Deus do que amar ao próprio Deus. A Bíblia chama isso de "idolatria". O amor do Criador não mudou, mas o mundo perfeito criado por ele deixou de ser perfeito. (Leia Gênesis 3. 1-7)

O amor continua (fora do Jardim)

Mesmo depois que Adão e Eva rejeitaram Deus, ele continuou a amá-los. O Senhor poderia muito bem ter abandonado ou destruído os dois para começar tudo de novo, com novas pessoas. Porém, escolheu continuar com Adão e Eva. O amor de Deus por eles não mudou, mas como pecaram, Adão e Eva não podiam mais desfrutar do amor do Senhor como antes.

O Senhor, então, os expulsou do Jardim e disse que a vida deles se tornaria muito mais difícil. Além disso, o relacionamento deles com o seu Deus amoroso também foi quebrado. Contudo, o Senhor prometeu que um dia esse relacionamento seria restaurado.

Nos anos seguintes, os filhos de Adão e Eva povoaram a terra. Mas a vida era difícil, exatamente como o Senhor havia dito que seria. Infelizmente, a maioria das pessoas não amava a Deus de todo o coração. E, pouco tempo depois, o mundo estava transbordando com pecado, dor e ódio. (Leia Gênesis 3. 21-24; 6. 5)

Por causa disso, Deus trouxe julgamento ao mundo por meio de um dilúvio para limpar e levar tudo o que existia, exceto um casal de cada animal e Noé e sua família. No entanto, mesmo depois do dilúvio, não demorou um longo período para que a terra se enchesse novamente de pessoas que rejeitavam a Deus como Senhor e que amavam as coisas criadas por ele (elas próprias, inclusive!) mais do que ao próprio Deus. (Leia Gênesis 7. 1-4; 9. 20-21; 11.1-8)

O amor resgata (por meio de Abraão)

Entretanto, o amor de Deus nunca se alterou. Ele escolheu um daqueles pecadores para levar seu plano de salvação ao resto do mundo. O nome dele era Abrão (mais tarde foi mudado para Abraão), e por meio da família de Abraão, todas as famílias do mundo inteiro seriam abençoadas pelo amor e pela graça de Deus. Romanos 4. 3 nos lembra de que "Abraão creu em Deus, e isso lhe foi creditado como justiça". Mas Abraão e sua família continuaram sendo pecadores.

O amor provê (para Israel)

Abraão, seus filhos e netos faziam parte do povo de Deus, e o Senhor os amava. Por isso, o Criador os salvou da fome e da escravidão. Ele deu a eles comida, água, roupas e até prometeu uma bela terra que poderiam

Por quanto tempo Noé e sua família ficaram dentro da arca?

Resposta: Por pouco mais de um ano. (Gênesis 7.11; 8.14) Imagem da arca: "Está chegando?"

chamar de lar. Mas o povo de Deus (Israel) não o amava sobre todas as coisas. Os filhos do Senhor não estavam fazendo um bom trabalho em demonstrar o amor de Deus para o mundo.

Na verdade, o povo de Israel ou amava demais as coisas boas que eram dadas por Deus ou reclamava delas (leia Gênesis 37–47; Êxodo 1–15; Números 14)

Por fim, Deus resolveu enviar inimigos para tomarem tudo o que ele tinha dado ao povo. Quando esse fato aconteceu, o povo clamou a Deus por ajuda. O Senhor, então, enviou auxílio, e a vida voltou a ser boa. No entanto, isso não durou muito tempo. Quando um de seus líderes morria, o povo deixava de amar a Deus. Por essa razão, o Senhor precisava enviar inimigos mais uma vez.

Infelizmente, isso ocorria repetidamente. (Você pode ler melhor sobre isso no livro de Juízes.) O povo de Deus precisava de um bom líder que durasse um período maior.

Finalmente, o Senhor deu ao povo reis para governarem sobre eles. Porém, mesmo os melhores reis (como Davi ou Salomão) não amavam ao Senhor de todo o coração. Eles também amavam mais o que Deus havia criado do que o próprio Deus. E Israel seguia o mesmo caminho dos seus líderes – o caminho do pecado, o contrário do que deveriam fazer, que era refletir a glória do Senhor ao redor do mundo! (Leia sobre esses reis nos livros de 1 e 2Samuel e 1 e 2Reis.)

O amor segue (por meio dos profetas)

Deus, então, enviou profetas para lembrar seu povo do quanto ele os amava. (Leia o capítulo 41 para aprender mais sobre os profetas.) Os profetas diziam: "Parem de amar mais as coisas do que a Deus. O Senhor ama vocês e deseja ser amado também." O povo, no entanto, não dava atenção a eles. Por essa razão, Deus precisou mandar inimigos, mais uma vez, para tomarem a terra do seu povo e os levar para lugares estrangeiros.

Qual rei israelita governou por mais tempo?

Resposta: Manassés: 55 anos (2Reis 21.1).

O amor restaura (do exílio)

Longe de casa, o povo de Deus clamou a ele por misericórdia. Em seu amor, o Senhor finalmente os trouxe de volta para casa. Mas, agora, sua terra estava tomada por indivíduos perversos que não conheciam o amor do Criador. Em vez de compartilharem sobre o amor de Deus com os estrangeiros que habitavam sua terra, os israelitas decidiram guardar o amor de Deus somente para si. Além disso, continuaram a viver em pecado.

O que aconteceria agora? O povo de Deus precisava de um rei que os resgatasse — não apenas dos inimigos, mas do próprio pecado! O verdadeiro rei restauraria seu amor por Deus e os ajudaria a mostrar esse amor ao mundo inteiro.

O amor chega (por meio do nascimento e da vida de Jesus)

Deus enviou seu próprio Filho ao mundo. Seu nome era Jesus, um membro da família de Abraão e descendente real do rei Davi. Sua mãe era Maria, mas ele não tinha um pai terreno. Seu Pai era o Deus do universo! Como Rei perfeito, Jesus sempre amou e obedeceu a Deus de todo o coração. Ele era tudo que o povo de Deus foi criado para ser, mas que, por causa do pecado, nunca conseguiu.

O amor se sacrifica (por meio do ministério e da morte de Jesus)

Jesus demonstrou o amor de Deus. Por meio dos seus milagres, ele mostrou como seria um mundo perfeito, curado pelo amor (uma "nova criação"): um planeta sem morte, dor ou doença — uma terra sem pecado. E, quando morreu na cruz, ele salvou seu povo, pois levou sobre si todos os nossos pecados. Na cruz, Jesus suportou a dor e as consequências do relacionamento quebrado com Deus por causa do pecado.

Qual rei israelita governou menos tempo?

Resposta: Zinri, sete dias (1Reis 16.15).

O Filho perfeito de Deus foi separado do Pai para que nós, o povo pecador, pudéssemos nos aproximar do Senhor para vivermos com ele para sempre.

O amor vence (na ressurreição de Jesus)

Então, o mais incrível aconteceu! Jesus, que foi crucificado, morreu e foi enterrado, ressuscitou. Mais uma vez, havia um Homem perfeito no Jardim. Esse novo Homem conseguiu realizar o que o primeiro não foi capaz de fazer. Esse novo Adão consertou o que foi destruído pelo primeiro Adão. O amor venceu a morte! Deus Pai aceitou a morte de Jesus para todos os que acreditam nele. Agora, quem deposita sua fé em Jesus tem a vida eterna.

O amor se espalha (por meio da Igreja)

A suprema demonstração de amor de Jesus é a boa-nova – o evangelho! Antes de retornar ao Pai, Jesus disse aos seus seguidores que deveriam cumprir o mesmo plano inicial de Deus para Adão e Eva: demonstrar e espalhar as notícias do

VALE A PENA CANTAR

"As suas vestes pelas minhas; angústia igual ninguém jamais conheceu.

Cristo, o Amado de Deus, condenado como seu inimigo.

Ele, como se fosse eu, amaldiçoado e abandonado.

E eu, como se fosse ele, acolhido e recebido no céu!"

— Letra de "His Robes for Mine" (As suas vestes pelas minhas), de Chris Anderson.

amor de Deus por todo o mundo. E encher a Terra de pessoas que, uma vez salvas dos seus pecados pelo sacrifício de Jesus, fossem livres para amar a Deus sobre todas as coisas.

O restante do Novo Testamento (de Atos a Judas) mostra como os seguidores de Jesus obedeceram a sua ordem. Da terra de Israel até o centro do mundo conhecido (Roma), os seguidores de Cristo espalharam a mensagem do amor de Deus. Mas havia um problema.

O amor vence (em uma criação restaurada)

Até que o Senhor faça tudo novo no final dos tempos, o relacionamento entre Deus e seu povo ainda precisa ser trabalhado. Infelizmente, os filhos de Deus vivem em um mundo pecaminoso, e ainda pecam, e ainda não amam a Deus de todo o coração. No entanto, um dia, Deus restaurará tudo perfeitamente.

Jesus voltará e removerá integralmente todo sofrimento e pecado, além de toda dor. Ele transformará completamente seu povo pecador e este mundo pecaminoso. E o melhor de tudo: Cristo viverá com seu povo para sempre. Nesse dia, tudo finalmente será como Deus criou para ser. O povo de Deus desfrutará do bom mundo do Senhor e, acima de tudo, eles desfrutarão do próprio Deus.

E isso nos leva não ao fim, pois quando esse dia chegar, será apenas o *começo*.

46

MELHORES AMIGOS PARA SEMPRE?

Você pode ter 978 "amigos" nas redes sociais, mas que tipo de amigo você é na vida real? O básico para ser amigo de alguém não é complicado: se quer ter um amigo, seja um amigo.

Mas, do que realmente se trata a amizade?

A amizade vem de Deus

Deus sempre, por toda a eternidade, esteve em um relacionamento dentro da Trindade. Deus Pai, Deus Filho e Deus Espírito Santo, em todo tempo, estiveram unidos como Um. Como fomos criados à imagem de Deus, temos a mesma característica. Assim como Deus, desejamos nos relacionar com outras pessoas. Foi assim que o Senhor nos fez. Deus criou Eva para Adão porque ele viu que não era bom que o homem estivesse só (Gênesis 2. 18).

A amizade acontece naturalmente

A Bíblia fala que um amigo próximo é como se fosse a sua "própria alma" (Deuteronômio 13.6). Davi (sim, o mesmo Davi que matou Golias) tornou-se o melhor amigo do filho do rei Saul, Jônatas. Está escrito em 1Samuel 18.1: "(…) surgiu tão grande amizade entre Jônatas e Davi que Jônatas tornou-se o seu melhor amigo." Eles se deram muito bem! Foi algo simplesmente natural!

Contudo, as amizades nem sempre se formam instantaneamente, na primeira vez que conhecemos alguém. Mas também fazer um amigo não é algo tão difícil assim. Aqui estão alguns primeiros passos a se considerar na hora de fazer novas amizades:

1. Não tente forçar alguém a ser seu amigo.
2. Ore para que Deus envie uma pessoa que ama a Jesus para ser seu amigo (2Coríntios 7.6).
3. Aproveite a companhia de quem estiver ao seu redor. Pare de tentar encontrar um amigo; em vez disso, seja você um amigo.
4. Concentre-se em tomar decisões que agradem a Deus (Provérbios 16.7).
5. Desfrute da sua amizade com Deus acima de tudo (João 15.13; Romanos 5.10).

PENSE NISTO

Sobre amizade, C. S. Lewis disse:

"A amizade é o maior dos bens mundanos. Certamente, para mim, é a principal felicidade da vida. Se eu tivesse que dar um conselho a um jovem sobre o lugar onde morar, acho que diria: 'Sacrifique quase tudo para viver onde possa estar perto de seus amigos.'"

"A amizade deve ser sobre alguma coisa, mesmo que seja apenas um entusiasmo por dominó ou ratos brancos. Aqueles que não têm nada não podem compartilhar nada; aqueles que não estão indo a lugar algum não podem ter companheiros de viagem."

Você SABIA?

AVISO!

A Bíblia adverte: nós nos tornamos parecidos com as pessoas com quem andamos (1Coríntios 15.33). Portanto, fique atento na hora de escolher amigos.

O Senhor lembra-nos de tomar cuidado com pessoas que:

- ficam iradas, com muita raiva (Provérbios 22.24-25)
- roubam (Provérbios 29.24)
- rejeitam os caminhos de Deus (Provérbios 14.7)
- são arrogantes, achando-se melhores que tudo e todos (Provérbios 16.19)
- arranjam confusões (Provérbios 24.1-2)
- gostam de fofocas (Provérbios 20.19)

Amizades trazem responsabilidades

Então, você quer ser amigo de alguém. E como seria um amigo? O que um amigo faz? A Bíblia ensina que os amigos assumem a responsabilidade de ajudar uns aos outros.

1. Um amigo ama e serve nos bons e maus momentos (Provérbios 17. 17; 18. 24; 27. 10).
2. Um amigo dedica tempo ao outro e conversa com ele abertamente (Êxodo 33. 11; João 15. 15).
3. Um amigo incentiva o outro a ser mais parecido com Jesus (Provérbios 27. 5-6, 17).
4. Um amigo não se ofende ou se magoa facilmente (Provérbios 10. 12; 17. 9).
5. Um amigo usa as palavras para encorajar, não para desanimar ou fazer fofocas (Provérbios 20. 19; Efésios 4. 29).

Que tipo de amigo você é?

47

RESUMINDO

Se alguém perguntasse em que você acredita, o que responderia? É claro que os cristãos creem na Bíblia. Mas, como sabe, a Bíblia é muito grande. Por isso, ter uma forma de resumir as principais verdades ajuda muito.

Um resumo é como se fosse uma soma; é uma versão curta de algo mais longo. Por exemplo, a lista de números a seguir pode ser adicionada (somada) e escrita como um único número:

$$1 + 2 + 3 + 4 + 5 + 6 = 21$$

Quando se trata da Palavra de Deus, por que desejaríamos uma versão mais curta do que ela ensina? Em primeiro lugar, um resumo ajuda a lembrar daquilo que é verdadeiro. (Coisas curtas são mais fáceis de lembrar do que as longas.) E, em segundo lugar, um resumo contribui para reconhecer o que é falso. (Como você pode detectar algo falso se não conseguir sequer memorizar o que é verdadeiro?)

Você sabia que a própria Bíblia nos oferece o resumo das coisas mais importantes? Muitos dos resumos bíblicos pegam a verdade de todos os quatro evangelhos e os espremem em apenas alguns versículos. Aqui estão algumas dessas passagens resumidas das Escrituras.

"Irmãos, quero lembrar-lhes o evangelho que lhes preguei, o qual vocês receberam e no qual estão firmes. Por meio deste evangelho vocês são salvos, desde que se apeguem firmemente à palavra que lhes preguei; caso contrário, vocês têm crido em vão. Pois o que primeiramente lhes transmiti foi o que recebi: que Cristo morreu pelos nossos pecados, segundo as Escrituras, foi sepultado e ressuscitou ao terceiro dia, segundo as Escrituras, e apareceu a Pedro e depois aos Doze".

1Coríntios 15. 1-5

"Não há dúvida de que é grande o mistério da piedade: Deus foi manifestado em corpo, justificado no Espírito, visto pelos anjos, pregado entre as nações, crido no mundo, recebido na glória".

1Timóteo 3. 16

"Lembre-se de Jesus Cristo, ressuscitado dos mortos, descendente de Davi, conforme o meu evangelho (...)".

2Timóteo 2. 8

Cerca de 130 anos depois que o apóstolo Paulo escreveu esses versículos, Irineu, pastor e missionário onde hoje é a França, fez um resumo de importantes verdades bíblicas. Ele disse que os cristãos acreditavam:

> **Em um Deus, o Pai Todo-poderoso, que fez o céu e a terra e os mares e todas as coisas que estão neles. [Os cristãos acreditavam] Em um só Cristo Jesus, o Filho de Deus, que se fez carne para nossa salvação. [Os cristãos acreditavam] No Santo Espírito, que, por meio dos profetas, tornou conhecido: o plano de salvação, e a vinda e o nascimento de uma virgem, e a paixão [sofrimento e morte], e a ressurreição dos mortos, e a ascensão corporal para o céu do amado Jesus Cristo, nosso Senhor, e seu futuro, aparecendo do céu na glória do Pai. Tudo a fim de resumir todas as coisas e ressuscitar toda a carne de toda a raça humana.**

Por volta do século 4, muitos cristãos estavam resumindo em que acreditavam. Eles afirmaram suas crenças em uma declaração que, mais tarde, ficou conhecida como o "Credo dos Apóstolos". Não porque foi escrito pelos próprios apóstolos, mas porque contém um breve resumo dos seus ensinamentos.

O CREDO DOS APÓSTOLOS

Creio em Deus Pai, todo-poderoso, Criador do céu e da terra, e em Jesus Cristo, seu único filho, nosso Senhor, que foi concebido pelo poder do Espírito Santo. Nasceu da Virgem Maria, padeceu sob Pôncio Pilatos, foi crucificado, morto e sepultado, desceu à mansão dos mortos, ressuscitou ao terceiro dia, subiu aos céus, está sentado à direita de Deus Pai, todo-poderoso, de onde há de vir a julgar os vivos e os mortos. Creio no Espírito Santo, na Santa Igreja, na comunhão dos Santos, na remissão dos pecados, na ressurreição da carne e na vida eterna. Amém.

Reserve um tempo para reler esses resumos. Em espírito de oração, pense sobre o que está lendo. Peça a Deus que o ajude a entender a verdade em sua mente e amá-la em seu coração.

EM QUE VOCÊ ACREDITA?

Antes dos *tablets* e dos computadores, a maioria das crianças aprendia lendo livros. Mas, durante quase toda a história da humanidade, os alunos conheciam ciências, matemática, história e até a Bíblia, ouvindo e repetindo, em voz alta, o que aprendiam.

Quando aplicada à Palavra de Deus, essa prática ficou conhecida como "catequeze", que vem da língua grega e significa "ensinar falando". Você pode encontrar essa palavra (traduzida como "instruir" ou "ensinar") na Bíblia. (Atos 18. 25; 1Coríntios 14. 19; e Gálatas 6. 6)

Em 1529, Martinho Lutero (veja o capítulo 37 para aprender mais sobre ele) tornou esse método de aprendizagem das Escrituras bastante popular ao publicar *Catecismo menor*. Usando um formato de perguntas e respostas, o livro de Lutero criou uma onda de interesse pela Bíblia e também pelos catecismos.

Nos quinhentos anos desde Lutero, dezenas de catecismos foram escritos: *Catecismo para crianças pequenas* (1652), *O catecismo batista da Filadélfia* (1742) e *O catecismo de ensino da Bíblia* (1892). No entanto, dois dos catecismos mais antigos continuam sendo os mais famosos: *O catecismo de Heidelberg* (1563) e *O breve catecismo de Westminster* (1648).

Todo mundo deveria memorizar pelo menos as duas primeiras perguntas do *Catecismo de Heidelberg* e do *Breve catecismo de Westminster*. Se você absorver essas verdades em sua vida, nunca mais será o mesmo.

O CATECISMO DE HEIDELBERG

Pergunta 1: Qual é o seu único conforto (consolo), na vida e na morte?

Resposta: O meu único conforto é não estar sozinho. Mas pertencer, de corpo e alma, na vida e na morte, ao meu fiel Salvador Jesus Cristo.

O BREVE CATECISMO DE WESTMINSTER

Pergunta 1: Qual é o objetivo principal do homem?

Resposta: O objetivo principal do homem é glorificar a Deus e aproveitar sua presença para sempre.

48
COMO FAZER CERÂMICA

> Contudo, SENHOR, tu és o nosso Pai. Nós somos o barro; tu és o oleiro. Todos nós somos obra das tuas mãos.
> Isaías 64.8

Vou admitir. Gosto de tomar café em uma caneca feita de argila. E não sou o único.

Durante milhares de anos, os seres humanos criaram todo tipo de objeto útil — tigelas, potes, xícaras, pratos, lâmpadas, jarros, tijolos e tábuas de escrever. Tudo feito com argila (que é basicamente terra).

Este é o processo que um oleiro (a pessoa que faz potes de argila) teria usado nos tempos antigos: ele pegaria um pouco de argila da margem de um rio, a amassaria até formar um bolo macio e, então, a moldaria para formar o que ele quisesse. Depois que o oleiro terminasse de moldar a argila, ele a assaria no sol ou em um forno para endurecer o objeto.

Você sabia que a Bíblia compara Deus a um oleiro? Assim como um oleiro, o Senhor nos criou do pó da terra (Gênesis 2. 7). E, como ele é o nosso Criador, tem o direito de nos moldar como quiser (Jeremias 18. 1-6).

Como "oleiro" e criador, Deus ama todos os seus filhos. Ele fez você exatamente como desejou e com um plano especial para sua vida.

Você pode confiar nesse Oleiro. Ele tem o direito de fazer o que quiser com a sua vida, mas tudo o que o Senhor faz é sempre para o seu bem (Romanos 8.28).

Use esta receita para tentar fazer cerâmicas de argila.

Massa de sal

INGREDIENTES:

2 xícaras de farinha
1 xícara de sal
2 colheres de sopa de óleo vegetal
3/4 de xícara de água quente

Opcional:
Corante; tinta acrílica; palitos de dente ou outros objetos para decorar sua criação.

INSTRUÇÕES:

1. Misture, em uma tigela, a farinha e o sal.

2. Adicione o óleo e, em seguida, misture lentamente uma quantidade de água suficiente para fazer a massa ficar macia e não pegajosa. Se quiser colorir a massa, adicione corante natural. Se quiser, divida a massa para usar várias cores.

3. Amasse bem a massa até dar a ela a forma que desejar. Se quiser fazer miçangas ou objetos decorativos para serem pendurados, faça furinhos com palitos antes de assar a massa. Importante: deixe a massa bem fininha para que ela não rache ao assar.

4. Pré-aqueça o forno a 120 graus.

5. Organize os objetos moldados em uma assadeira coberta com papel alumínio. Asse por uma hora ou até ficar duro e seco. O tempo no forno pode variar, dependendo da espessura da massa.

6. Deixe esfriar completamente. Se quiser, decore com tinta acrílica.

49

DINHEIRO NA BÍBLIA

Os seus pais lhe dão mesada ou dinheiro para gastar? Quanto? Se vivesse nos tempos bíblicos, sabe quanto essa quantia valeria? Seria uma moeda de cobre por semana? Um quadrante? Ou, quem sabe, algumas minas? Os nomes e valores dessas moedas nos soam estranhos atualmente. Vamos, então, descobrir quanto elas valiam naquele tempo.

Mateus nos conta que um trabalhador médio ganhava um denário (ou dracma) por dia (Mateus 20. 2). Hoje, no Brasil, um trabalhador pode ganhar cerca de 75 reais por dia de trabalho, em média. Seria aproximadamente 9 reais por hora, considerando 8 horas diárias de trabalho. Portanto, podemos dizer que um denário seria o equivalente a 75 reais no dinheiro atual.

Outra moeda, a mina (também chamada libra) valia 100 denários. A riqueza também era medida por uma unidade chamada talento, que valia cerca de 6 mil denários!

Além disso, existiam moedas com valores inferiores a um denário. Seria preciso juntar 64 quadrantes para chegar a um denário. O seu bolso não comportaria 128 moedas de cobre, que era o equivalente a um único denário.

Então, aqui está o quanto tudo isso custaria nos dias de hoje:

| 1 moeda de cobre | 3 reais (aprox.) | Marcos 12.42 |
| 1 quadrante | 5 reais (aprox.) | Marcos 12.42 |

Quanto ouro, prata e bronze as pessoas doaram para a construção do tabernáculo no deserto?

Resposta: Mais de 1 tonelada de ouro, 3,75 toneladas de prata e 2,5 toneladas de bronze (Êxodo 38.24-29).

1 denário (ou dracma)	75 reais	Mateus 20.2
1 mina (ou libra)	7.500 reais	Lucas 19.16
1 talento	450.000 reais	Mateus 25.14-15

Agora pare e leia novamente essas histórias da Bíblia, usando os valores monetários modernos mostrados anteriormente.

Em Mateus 25.14-30, o servo de "um talento" recebeu 450.000 reais; o servo de "dois talentos", 900.000 reais; e o servo dos "cinco talentos", 2.250.000 reais!

Em Mateus 26.15, Judas Iscariotes traiu Jesus por trinta "moedas de prata". A Bíblia não diz exatamente qual moeda foi usada, mas algumas pessoas acreditam que tenha sido uma moeda de 4 dracmas (chamada tetradracma), que valia o equivalente a quatro dias de salário. Trinta dessas moedas correspondiam a cerca de 120 dias ou quatro meses de salários. A uma taxa moderna de 75 reais por dia, Jesus foi traído por cerca de nove mil reais.

Em Lucas 10.35, o Bom Samaritano deu mais de 675 reais para pagar as despesas do homem que havia sido espancado.

Em Mateus 18.23-35, o servo impiedoso recebeu o perdão do seu senhor por uma dívida enorme de 10 mil talentos (o equivalente a mais de 4 bilhões de reais, ou mais de 164.000 anos de trabalho!). No entanto, o mesmo servo não perdoou um homem que lhe devia somente 100 denários (7.500 reais ou 100 dias de trabalho).

Você SABIA?

Uma cédula de 5 reais tem cerca de 6,5 centímetros de altura. Se empilharmos 75 reais (que equivale a 1 denário) em notas de 5 reais, essa pilha de dinheiro teria um pouco menos de 1 metro de altura. Uma mina de notas de 5 reais teria cerca de 97 centímetros de altura. E uma pilha de notas de 5 reais igual a um talento seria mais alta do que um prédio de 12 andares!

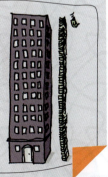

COMO TOMAR BOAS DECISÕES

"E agora, o que faço?", Mariana perguntou a si mesma, ao olhar para os dois convites nas mãos. "Será que vou à festa de aniversário da minha amiga ou à noite de jogos da igreja?"

A escolha não foi fácil. Mariana estava tentando ser uma boa amiga para uma colega de turma que não era cristã. A menina convidou Mariana para sua festa de aniversário. Mas a comemoração seria no mesmo dia em que as melhores amigas de Mariana estariam na igreja para a noite de jogos, um evento que Mariana estava contando os dias para chegar.

O que ela deveria fazer? O que Deus gostaria que Mariana fizesse? Será que o Senhor sequer teria uma opinião sobre isso? Como ela poderia decidir o que fazer? Tomar decisões nem sempre é fácil, e, à medida que crescemos, encontramos mais escolhas difíceis a serem tomadas:

"Ganhei 100 reais de aniversário. O que devo comprar?"

"Qual esporte devo praticar?"

"Meus amigos estão fazendo muitas besteiras. O que devo fazer?"

"Meus pais não me deixam acessar à internet quando não estão em casa. Mas, será que tem problema se eu entrar só para ver o meu dever de casa?"

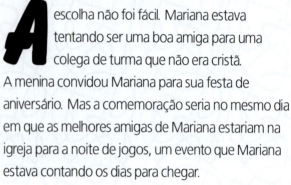

"O que será que Deus deseja que eu seja quando crescer?"

Aqui estão algumas verdades bíblicas que você precisa lembrar quando tiver que tomar uma decisão:

1. Escolha com base no que Deus diz. Se ele diz na Bíblia para não fazer alguma coisa (como roubar, trapacear, mentir, ser grosseiro etc.), então você terá a certeza de que não deve fazer essas coisas. É claro que ainda necessitará da ajuda do Senhor para ouvir e obedecer, mas ao menos saberá o que é certo e errado. (Leia Tiago 4.17)

2. Decida agradar a Deus. Quanto mais conhecer o Senhor, melhor você saberá do que ele gosta. Por exemplo, Deus ama a misericórdia. Portanto, se tiver que escolher entre ser misericordioso ou não, já sabe o que fazer. (Leia Efésios 5.8-10)

3. Peça ajuda. É claro que você não conseguirá realizar as duas primeiras coisas sem a ajuda de Deus. Peça a ele que lhe dê sabedoria, e o Senhor lhe dará! Peça ajuda a outras pessoas também – seus pais, seu pastor e seus amigos de confiança. (Leia Tiago 1.5-6)

4. Depois de tudo isso, faça a escolha sabendo que o Senhor o guiará *durante o processo* de tomada de decisão. (Leia Provérbios 16.1, 9, 20)

5. Você não tomará decisões perfeitas, mas Deus está sempre no controle. Você pode (ou não) se sentir confiante em relação às suas escolhas, mas uma coisa é verdadeira: você pode confiar no Senhor. Ele prometeu guiá-lo. (Leia Mateus 10.29-30)

PENSE NISTO

Você pediu sabedoria a Deus?

Está refletindo sobre suas opções?

Pediu ajuda a outras pessoas?

Confia em Deus para guiá-lo?

Está sendo obediente ao que Deus ordenou?

Está tentando agradar a Deus?

Então, qual decisão você tomará?

DIVERSÃO NOS TEMPOS BÍBLICOS

Nos tempos antigos, assim como nos dias de hoje, as crianças gostavam de brincar e de se divertir. Elas jogavam jogos chamados: "Mehen", "Senet", "Cães e Chacais". Você sabia que até a Bíblia fala sobre jogos e brincadeiras? Aqui estão alguns deles:

Luta (Gênesis 32. 24-26)
Tiro ao alvo (1Samuel 20. 20)
Enigmas (Juízes 14. 18)
Brincar na rua (Zacarias 8. 5)
Dançar alegremente (Jó 21.11-12)
Contar histórias (Salmo 78. 3-4)
Apostar corridas (1Coríntios 9. 24)
Fazer trocadilhos (Juízes 15.16)
Fazer caminhadas (Salmo 23. 2-3)
Corrida de carros (Filipenses 3.13-14)
Brincar de faz de conta (Mateus 11. 17)
Tocar música (Lucas 7. 32)
Lutar boxe (1Coríntios 9. 26)
Acampar (Neemias 8. 17-18)
Festas (Ester 9. 19)
Dar apelidos (Marcos 3.17)
Brincar com os animais (Jó 41. 5)

A Bíblia ensina que há um tempo certo para todas as coisas. Existe o tempo certo para brincadeiras, diversão e risos (Eclesiastes 3.4). Quando somos crianças, é o momento de nos prepararmos para sermos adultos, mas também é um período para nos divertirmos (1Coríntios 13.11). Aqui está um jogo para você experimentar com um amigo ou parente.

Cães e Chacais

Ninguém sabe exatamente como esse jogo era jogado nos tempos antigos. Mas esta é uma das maneiras possíveis:

Você vai precisar de:
Uma cópia colorida do tabuleiro do jogo, um pedaço de isopor do tamanho do tabuleiro, cola ou fita adesiva, dez palitos de dente para serem usados como as peças do jogo, três moedas. Monte o tabuleiro do jogo, utilizando cola ou fita adesiva para prender a cópia do tabuleiro ao pedaço de isopor. Agora você está pronto para jogar.

Objetivo:
Os jogadores sentam-se em lados opostos do tabuleiro. De um lado, ficam os cães; do outro, os chacais. Cada jogador tem do seu lado do tabuleiro 29 buracos. Cada um deve colocar cinco palitos de dente e inseri-los nos orifícios de 1 a 5. O objetivo do jogo é mover os cinco palitos pelo tabuleiro até chegar ao buraco 29, a fim de os tirar do jogo. O primeiro jogador a remover todos os cinco palitos do tabuleiro é o vencedor.

Obtenha uma cópia do tabuleiro mostrado adiante!

REGRAS DO JOGO:

1. Quando for a sua vez, jogue as três moedas e faça o seguinte:

▶ Se tirar **uma cara**, mova um palito, uma casa.

▶ Se tirar **duas caras**, mova um palito, duas casas.

▶ Se tirar **três caras**, mova um palito, três casas.

▶ Se tirar **três coroas**, mova um palito, cinco casas.

2. Você só poderá movimentar um palito por vez. Não poderá mexer um segundo palito até que o primeiro passe da casa 11. Também não poderá mudar de lugar o terceiro palito até que o segundo tenha passado da casa 11, e assim por diante. *(Regra alternativa: Você pode mover apenas um palito por vez, do início ao fim. Ou seja, o seu segundo palito não deverá ser movido até que o primeiro tenha saído na casa 29.)*

3. Dois palitos não podem ocupar a mesma casa. Se um jogador não puder mover o seu palito, a jogada será do oponente.

4. Se seu palito cair em uma casa conectada a uma curva, movimente o palito na **direção da seta** para a outra extremidade da curva. *(Regra alternativa: Você também pode mudar a direção das setas para criar outras maneiras de jogar.)*

5. Se o seu palito parar em uma casa azul, você pode avançar mais uma casa. *(Regra alternativa: Se o seu palito parar em uma casa azul, você deve retroceder uma casa.)*

APRENDA O ALFABETO GREGO

No Império Romano, na época em que Jesus nasceu, as pessoas costumavam, na maioria das vezes, escrever em grego.

Parece que você está falando grego!

Muita gente no tempo de Jesus – de soldados a servos, de jovens a velhos – sabia falar na língua grega. Mesmo quando o seu idioma oficial era outro, as pessoas conheciam e entendiam grego. Na verdade, todo o Antigo Testamento, que havia sido escrito em hebraico, foi traduzido para o grego naquele período. Deus fez com que essa língua se espalhasse para que as boas-novas sobre Jesus pudessem ser compreendidas em todo o Império Romano.

Então, quando o Novo Testamento foi escrito no primeiro século, foi no idioma grego. E os seus autores o escreveram usando palavras comuns do dia a dia. Isso permitiu que grande parte das pessoas que viviam naquele tempo fosse capaz

maiúscula	minúscula	nome	equivalente em português
Α	α	alpha – alfa	a
Β	β	beta	b
Γ	γ	gamma – gama	g
Δ	δ	delta	d
Ε	ε	epsilon	e
Ζ	ζ	zeta	z
Η	η	eta	h
Θ	θ	theta – teta	th
Ι	ι	iota	i
Κ	κ	kappa – capa	c
Λ	λ	lambda	l
Μ	μ	mu – mi	m
Ν	ν	nu	n
Ξ	ξ	xi	x
Ο	ο	omicron	o
Π	π	pi	p
Ρ	ρ	rho – rô	r
Σ	σ/ς	sigma	s
Τ	τ	tau	t
Υ	υ	upsilon	u
Φ	φ	phi – fi	f
Χ	χ	chi	ch
Ψ	ψ	psi	psi
Ω	ω	ômega	

de entender as Escrituras Sagradas de Deus ao ser lida.

Você também pode aprender um pouco de grego. Use a tabela a seguir para tentar memorizar três coisas: (1) as letras gregas minúsculas; (2) os nomes das letras; e (3) a quais letras em português correspondem as gregas. (Aqui estão dicas para ajudá-lo. Algumas letras têm o som parecido, o que facilita a memorização, como: *zeta, eta, theta, iota; ou phi, chi, psi*. O fato de muitas letras seguirem a mesma ordem do nosso alfabeto também ajuda bastante; por exemplo: *lambda, mu, nu; ou omicron, pi, rho, sigma, tau, upsilon*.)

Depois de gravar o alfabeto, faça um teste. Veja se consegue escrever todas as letras minúsculas na ordem certa em menos de 60 segundos. Já! Decifre as palavras escritas abaixo em grego:

Β ι β λ ι α _____
Α μο ρ _____
Δ ε υ σ _____

Tente decifrar a mensagem a seguir.

Ε υ τ ε α μο

Agora é a sua vez! Você consegue escrever uma mensagem secreta para um amigo usando apenas letras gregas?

Você SABIA?

Na época em que Jesus nasceu, Deus havia preparado, de modo perfeito, o planeta para que o evangelho pudesse ser espalhado. De 25 a.C. a 180 d.C., o mundo civilizado aproveitou a prosperidade e a paz da Pax Romana ("paz romana"). Nenhuma grande guerra era capaz de impedir que as notícias de Jesus Cristo se tornassem conhecidas rapidamente pela civilização que existia.

Muito antes disso, em 500 a.C., Roma começou a construir seu famoso sistema de estradas, que finalmente se estendeu por cerca de 402 mil quilômetros e conectou 113 províncias. Dentro desse império não havia fronteiras nacionais para cruzar ou passaportes para carregar. Como resultado, aproximadamente 4 milhões de quilômetros quadrados e muitas nações e culturas diferentes foram abertas e tornaram-se acessíveis aos primeiros missionários do evangelho.

53

COMENDO COM JESUS

Reuniões de família são ótimas (tirando todos os comentários sobre como você está ficando alto e tirando, também, o perfume forte da sua tia). É claro que você sempre faz parte da sua família, mas essas reuniões são celebrações especiais cheias de diversão, risos, histórias e comida!

Sabia que a igreja tem uma celebração assim também? O nome dela é Santa Ceia. Como cristão, você faz parte da família de Deus todos os dias, mas a Santa Ceia é um momento especial comemorado por todos na igreja. Normalmente, ela é uma reunião feita uma vez ao mês, uma vez ao ano e, em algumas igrejas, todos os domingos. A Santa Ceia pode parecer confusa – há uma bebida e um pedaço de pão. As pessoas oram e cantam juntas. De que se trata essa celebração? Aqui estão alguns princípios básicos:

Como você faz parte da família de Deus, ele promete coisas maravilhosas, que fazem parte de um acordo, chamado "aliança". O Senhor promete que você faz parte do seu povo e que ele será seu Deus. Ele estará constantemente presente na sua vida, cuidando de você como um pai amoroso cuida de seus filhos.

Na Palavra de Deus essas "alianças" são muitas vezes comemoradas com uma refeição (Gênesis 31.43-54).

Qual foi a celebração mais longa da Bíblia?

Resposta: O rei Assuero realizou uma celebração que durou 180 dias (Ester 1.3-4).

Em Êxodo, o Senhor fez uma aliança (chamada "antiga aliança") com o seu povo. Moisés disse:

"(...) 'Este é o sangue da aliança que o SENHOR fez com vocês de acordo com todas essas palavras'. Moisés, Arão, Nadabe, Abiú e setenta autoridades de Israel subiram e viram o Deus de Israel, sob cujos pés havia algo semelhante a um pavimento de safira, como o céu em seu esplendor. Deus, porém, não estendeu a mão para punir esses líderes do povo de Israel; eles viram a Deus, e depois comeram e beberam." (Êxodo 24.8-11).

Foi isso que aconteceu no Novo Testamento também: Jesus fez uma aliança com seu povo, a "nova aliança". E, assim como a aliança do Antigo Testamento, a nova aliança incluía uma refeição. Nessa celebração (a "Última Ceia") em que Jesus comeu com os seus discípulos, ele tomou o cálice e disse: "Isto é o meu sangue da aliança, que é derramado em favor de muitos, para perdão de pecados" (Mateus 26.28 e Lucas 22.20).

Todos os cristãos de hoje fazem parte do povo da nova aliança de Deus – aqueles que confiam na morte de Jesus para o perdão dos pecados. E isso significa que temos um lugar à sua mesa como filhos amados. Quando, então, você participar da Santa Ceia em sua igreja, estará participando de uma refeição da nova aliança.

Da mesma forma que você aproveita as refeições e histórias em família, a Santa Ceia é um momento especial em que o povo do Senhor recorda e agradece a Jesus pelo seu sangue que perdoou nossos pecados. Na Santa Ceia, celebramos com Jesus, que prometeu se juntar a nós à mesa (Mateus 18.20).

54

A MELHOR MANEIRA DE LIDARMOS COM INIMIGOS

Se você já leu um pouco do Antigo Testamento, sabe que o povo de Deus sempre teve muitos inimigos. Israel enfrentou os egípcios, os filisteus, os midianitas, os assírios, os persas, e a lista poderia continuar.

Em quase todas as situações, basicamente a mesma história se repetia. Algum inimigo atacava o povo de Deus. Às vezes, o povo era vencido e a vida, então, tornava-se muito difícil.

O povo, portanto, começava a orar! Eles imploravam para que Deus os salvasse. Por isso, o Senhor enviava libertadores para livrar o povo dos seus inimigos. Alguns exemplos desses libertadores foram Moisés, Davi, Gideão e Ester.

Em alguns desses casos, os filhos de Deus apenas esperavam, orando para que o Senhor os libertasse (como na vez que Moisés ajudou o povo a deixar o Egito). Em outras situações, o povo agia com sabedoria, mesmo dentro do governo do inimigo (como na história de Ester com os persas, ou de Daniel na Babilônia). Havia também situações em que o povo de Deus lutava contra os inimigos, pegando em espadas, fundas e lanças (como foi o caso de Josué e Davi).

Quando Jesus chegou ao mundo, o povo de Deus ainda tinha um inimigo: o Império Romano. Os romanos estavam esmagando os filhos do Senhor com escravidão, pobreza, impostos e tentações. E, como sempre, muitas pessoas do povo de Deus estavam orando para que o Senhor os salvasse e derrotasse o inimigo.

No entanto, como Deus faria isso? Ninguém sabia exatamente. Assim como no Antigo Testamento, existiam três abordagens básicas que eram populares no tempo de Jesus – cada uma delas era seguida por um grupo diferente de pessoas mencionadas no Novo Testamento.

GRUPO 1: NÃO BALANCE O BARCO

Os "saduceus" eram líderes ricos e poderosos de Israel. Eles andavam com as autoridades romanas. Assim como Ester e Daniel, os saduceus esperavam poder usar sua posição de poder para influenciar o inimigo.

Mas, como eles não acreditavam em muitas coisas das Escrituras, acabaram preferindo manter as posições de liderança. Dessa forma, os saduceus não transformaram Roma, mas foi Roma que os transformou. Eles não eram nem um pouco parecidos com Ester ou Daniel.

GRUPO 2: SEJA O MAIS SANTO QUE PUDER

Atualmente, a palavra "fariseu" é usada para descrever pessoas hipócritas e orgulhosas. Entretanto, na época do Novo Testamento, os fariseus queriam que todos cumprissem as leis de Deus, assim como Esdras e Neemias no Antigo Testamento. Os fariseus acreditavam que o Senhor ouviria suas orações e derrotaria Roma, mas somente se o povo de Deus fosse bom o suficiente.

Contudo, eles tentavam obedecer a Palavra de Deus por meio de suas ações, ao mesmo tempo em que o coração deles estava muito longe do Senhor. Eles também não se pareciam em nada com Esdras ou Neemias.

GRUPO 3: PEGUE SUA ESPADA

Os "zelotes" eram os Robin Hood do tempo de Jesus! Como os famosos heróis do Antigo Testamento, eles queriam que Israel se levantasse e lutasse contra seu inimigo (Roma).

Se todo o povo de Deus se juntasse para lutar, então o Senhor viria e derrotaria o inimigo, assim como costumava fazer nos tempos antigos. Porém, Roma derrotava Israel sempre que eles tentavam lutar. A abordagem dos zelotes estava muito longe das famosas vitórias de Josué, Sansão e Davi.

A ABORDAGEM RADICAL DE DEUS

Deus, porém, tinha uma abordagem nova, revolucionária. E ela surpreendeu quase todos. O Senhor escolheu lidar com seus inimigos não por meio de influência, lutas ou santificação, mas servindo-os e morrendo por eles! Jesus, o Salvador, curou as pessoas – até os romanos (Mateus 8.5-13)! Ele até mesmo perdoou os pecados do seu inimigo (Lucas 23.34). Como ele fez isso?

Jesus derrotou inimigos dando sua vida para transformá-los em amigos (Romanos 12.20). Leia atentamente Romanos 5.6-11 e observe todas as mudanças que resultaram da morte de Jesus. Ao ler, lembre-se de que nós também éramos inimigos de Deus (Romanos 5.9). Mas, em vez de nos esmagar, Jesus deixou-se ser esmagado em nosso lugar – tomando sobre si o nosso castigo (Romanos 5.10) e fazendo de Deus o nosso maior prazer (Romanos 5.11).

Como Jesus fez de nós seus amigos, agora podemos compartilhar seu amor com os outros – até mesmo com nossos "inimigos". Ouça estas palavras de Cristo: "Amem os seus inimigos e orem por aqueles que os perseguem" (Mateus 5.44). Era assim que Jesus tratava os inimigos, e ele deseja que façamos o mesmo.

> **QUANDO AINDA ÉRAMOS FRACOS**, Cristo morreu pelos ímpios. Dificilmente haverá alguém que morra por um justo; pelo homem bom talvez alguém tenha coragem de morrer. Mas Deus demonstra seu amor por nós: Cristo morreu em nosso favor quando ainda éramos pecadores. Como agora fomos justificados por seu sangue, muito mais ainda seremos salvos da ira de Deus por meio dele! Se quando éramos inimigos de Deus fomos reconciliados com ele mediante a morte de seu Filho, quanto mais agora, tendo sido reconciliados, seremos salvos por sua vida!" Romanos 5.6-10

Existem pessoas que não gostam de você, que o irritam ou simplesmente o enlouquecem? Peça ao Senhor que ajude você a pensar, em pelo menos, cinco maneiras de poder amá-las e servi-las. O que acontecerá quando fizer isso? Nunca se sabe. Talvez seus inimigos se tornem seus amigos.

55

JESUS *REALMENTE* RESSUSCITOU

A ressurreição de Jesus é como uma bifurcação no meio da estrada. Quando encontramos uma, para seguir em frente precisamos escolher um caminho ou outro. Ao nos depararmos com a ressurreição, também precisamos fazer uma escolha, mas essa escolha é sobre o que acreditamos.

Ou cremos que Jesus é Deus e que ele, de verdade, ressuscitou fisicamente dos mortos, vencendo a morte para todo aquele que crê, ou nos afastamos e rejeitamos a Bíblia e Cristo, considerando-os falsos (1Coríntios 15. 14, 17).

Aqui estão alguns fatos que a Bíblia nos oferece e que provam que Jesus realmente ressuscitou, exatamente como ele prometeu que faria.

1 O sepulcro vazio
Todos, até mesmo aqueles que mataram Jesus, concordaram que o sepulcro (local onde colocaram o corpo de Cristo ao morrer) estava

vazio (Mateus 28. 11-15). Se o sepulcro não estivesse vazio, então os inimigos do Senhor poderiam provar facilmente que ele não havia ressuscitado, apresentando seu corpo morto.

Então, isso nos deixa com duas opções: (1) Deus ressuscitou o corpo de Jesus ou (2) o seu corpo foi roubado por alguém.

2 Os guardas mentirosos

Os soldados romanos que estavam guardando o sepulcro de Jesus disseram que, quando estavam dormindo, os discípulos de Cristo roubaram o corpo (Mateus 28. 13).

No entanto, se os guardas estivessem dormindo na prática, como poderiam ter visto o que tinha acontecido? É óbvio que a história dos soldados romanos – de que o corpo de Jesus teria sido roubado – foi uma mentira.

3 As testemunhas oculares

Todos os quatro evangelhos apresentam relatos de testemunhas que viram por si mesmas, como várias mulheres que foram até o sepulcro de Jesus no início da manhã do dia da sua ressurreição (Mateus 28. 1-8; Marcos 16. 1-8; Lucas 24. 1-11; João 20. 1-2).

No mundo romano, as mulheres não podiam dar testemunho ocular no tribunal. Por isso, caso os discípulos estivessem inventando uma história sobre a ressurreição de Jesus, não teriam motivo algum para usar mulheres como testemunhas oculares. Sobra apenas uma única explicação: as mulheres realmente foram testemunhas do ocorrido; o sepulcro, de fato, estava vazio!

4 Os discípulos que foram mortos

Que tipo de pessoa estaria disposta a ser morta por uma mentira? Ninguém faria isso (1Coríntios 15.14-19). Se os discípulos tivessem concordado em mentir sobre a ressurreição de Jesus, então, certamente, após serem presos, algum deles teria dito: "Não me matem! Nós inventamos tudo. Não houve ressurreição."
Mas, não foi isso o que aconteceu (Atos 5.26-33). Logo, o relato dos discípulos só pode ser verdadeiro.

5 A existência de registros verificáveis

Quase todos concordam que os quatro evangelhos foram escritos de 30 a 60 anos após a morte do Senhor. Isso significa que, se Mateus, Marcos, Lucas e João estivessem tentando enganar todo mundo ao espalhar mentiras sobre a ressurreição, muitas das pessoas que leram seus livros assim que foram escritos teriam se lembrado do que havia acontecido realmente. Então, essas pessoas teriam espalhado a notícia de que as histórias sobre a ressurreição de Jesus eram mentira. No entanto, isso não aconteceu. A história nunca foi negada. Na verdade, a ressurreição efetivamente ocorreu. Centenas de pessoas estavam lá, viram Jesus ressuscitado e, dessa forma, sabiam que os fatos escritos nos evangelhos eram verdadeiros.

56

COMPREENDENDO OS EVANGELHOS

Como é o seu melhor amigo? Você conseguiria desenhar o rosto dele? Dependendo da idade e da habilidade de uma pessoa, ela é capaz de rabiscar um desenho simples ou de traçar um retrato mais detalhado de alguém. Um artista talentoso é capaz até de dar vida a uma pintura, fazendo um desenho bidimensional parecer ter três dimensões, acrescentando profundidade ao comprimento e à largura.

Quando Deus quis fazer um retrato do seu Filho, ele não o fez em 2D ou em 3D, mas em 4D! Há quatro livros que chamamos de evangelhos: Mateus, Marcos, Lucas e João. Cada um deles conta a história da vida, morte e ressurreição de Jesus Cristo. Mas, como quatro câmeras focadas em um mesmo objeto de quatro ângulos diferentes, cada autor desses evangelhos relata a mesma história, mas a partir de sua própria perspectiva.

Você SABIA

Ao longo dos séculos, os cristãos identificaram cada evangelho com um símbolo especial. Mateus é representado por um homem com asas, o que aponta para o fato de que o Filho de Deus se tornou homem. Marcos é simbolizado por um leão com asas, mostrando que Jesus é o Rei poderoso. Lucas é identificado por um boi com asas, mostrando que Jesus foi o sacrifício forte e humilde pelo pecado. E João é representado por uma águia, mostrando Jesus como o Filho exaltado que veio do céu.

MATEUS

Ênfase em Jesus
Comprimento

Tamanho: Muito parecido com um jornalista, *Mateus* relembra toda a história do Antigo Testamento e mostra que Jesus é o tão esperado Messias (Mateus 5.17). Ao ler esse evangelho, observe como Jesus cumpriu tudo o que o Antigo Testamento havia prometido.

Estilo de escrita
Jornalístico

28
Capítulos

Versículos-chave
1.21, 28.18-20
Ela dará à luz um filho, e você deverá dar-lhe o nome de Jesus, porque ele salvará o seu povo dos seus pecados.
Mateus 1.21

MARCOS

Ênfase em Jesus
Profundidade

Quão profundo: *Marcos* conta uma história cheia de ação sobre como Jesus se humilhou para vir ao mundo e para "dar a sua vida em resgate por muitos" (Marcos 10.45). Durante a leitura, preste atenção em quantas vezes Jesus fala sobre a sua morte.

Estilo de escrita
Narrativo

16
Capítulos

Versículo-chave
10.45
Pois nem mesmo o Filho do homem veio para ser servido, mas para servir e dar a sua vida em resgate por muitos.

LUCAS

Ênfase em Jesus
Largura

Quão amplo: Como o cientista que era (ele era médico), *Lucas* registra de maneira precisa a largura do amor do Salvador (Lucas 19.9-10). Durante a leitura, observe que Jesus veio salvar uma grande variedade de pessoas: pobres, doentes, fracas, pequenas - todas perdidas.

Estilo de escrita
Como o de historiador

24
Capítulos

Versículo-chave
2. 11; 19. 10
Pois o Filho do homem veio buscar e salvar o que estava perdido.
Lucas 19.10

JOÃO

Ênfase em Jesus
Altura

Quão alto: Usando palavras simples que apontam para uma verdade maior, *João* conta como Jesus, o Filho exaltado de Deus, veio das alturas do céu para mostrar Deus, o Pai, ao mundo e abrir o caminho para ele (João 14 6). Durante a leitura, fique atento a como Jesus demonstra a glória do Deus Altíssimo.

Estilo de escrita
Teológico

21
Capítulos

Versículo-chave
1. 14; 3. 16; 20. 30-31
Porque Deus tanto amou o mundo que deu o seu Filho Unigênito, para que todo o que nele crer não pereça, mas tenha a vida eterna.
João 3.16

A CONTINUAÇÃO DOS ATOS DE JESUS

Lucas também escreveu uma sequência ao seu evangelho: o livro de Atos. A primeira metade de Atos (1.1—12.24) mostra como as boas-novas sobre Jesus se espalharam para todos os tipos de pessoas: judeus, semijudeus (como os samaritanos) e não judeus (os gentios).

A segunda metade do livro de Atos (12.25—28.31) mostra a explosão geográfica do evangelho: de um país a outro, de Jerusalém até Roma (2.307 quilômetros de distância!).

NÓS QUE NÃO PODEM SER DESFEITOS

Alexandre, o Grande, era um jovem com um problema. Ele queria conquistar toda a Ásia Menor (atual Turquia), mas o seu exército ainda não havia vencido nenhuma grande batalha. Portanto, ele precisava de uma vitória para reunir suas tropas. Alexandre precisava de algo para provar que era forte o suficiente para governar sobre a Ásia Menor.

Ele, então, chegou à cidade de Górdio. De acordo com a lenda, o rei de Górdio amarrou um nó diferente e tão complicado que ninguém era capaz de desatar, de desfazer. Na verdade, acreditava-se que a pessoa que desatasse o nó de Górdio dominaria a Ásia Menor inteira.

Em 33 a.C., Alexandre, o Grande, buscou desamarrar esse nó, porém não teve sucesso.

Finalmente, ele pegou a espada e cortou o nó ao meio. Assim, toda a Ásia Menor ficou sob o seu governo.

Talvez você nunca precise desatar um nó de Górdio. Mas, na verdade, se praticar, pode conseguir desmanchar praticamente qualquer nó. Tente amarrar e desfazer estes nós.

Você sabia que a Bíblia fala sobre alguns nós que são impossíveis de serem desfeitos? A Palavra de Deus ensina que todo ser humano está amarrado a Adão ou a Jesus. Não existe outra opção.

Todas as pessoas nascem com uma ligação inquebrável ao primeiro ser humano criado, Adão. Ele pecou no Jardim do Éden, e todos nós estamos conectados a ele. Dessa forma, o que valia para ele também vale para nós, seus descendentes. Quando Adão pecou, também pecamos (Romanos 5. 12). Isso significa que todos, até você, nascemos pecadores e culpados. Por quê? Não porque pecamos

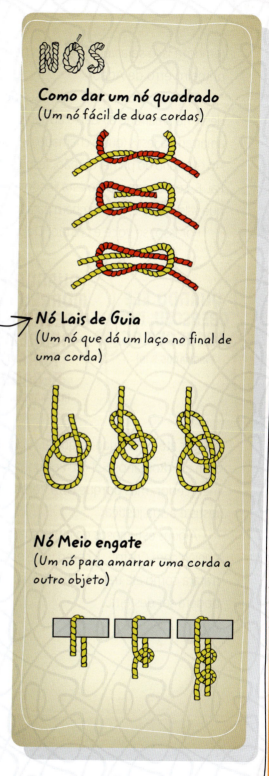

NÓS

Como dar um nó quadrado
(Um nó fácil de duas cordas)

Nó Lais de Guia
(Um nó que dá um laço no final de uma corda)

Nó Meio engate
(Um nó para amarrar uma corda a outro objeto)

(embora isso seja verdade), mas porque já nascemos amarrados ao primeiro erro de Adão.

Contudo, todo aquele que nasce de novo (João 3.3) é libertado por Deus desse nó amarrado a Adão e ao seu pecado. Quem nasce novamente, é amarrado a Jesus (que é chamado de "último Adão" em 1Coríntios 15.45). Ao contrário do primeiro Adão, Jesus nunca pecou e sempre obedeceu ao Pai. E, como todo cristão está ligado a Jesus, existe uma boa notícia: tudo o que vale para ele, vale também para todos os cristãos.

Por isso, se você é cristão, Deus o considera justo e amado. Você

> **QUANDO ELE OBEDECEU, NÓS OBEDECEMOS.** (ROMANOS 5.19)
>
> **QUANDO ELE MORREU PARA O PECADO, NÓS MORREMOS PARA O PECADO.** (ROMANOS 6.3-4)
>
> **E QUANDO ELE RESSUSCITOU DOS MORTOS, NÓS RESSUSCITAMOS TAMBÉM.** (ROMANOS 6.8-9)

pode ir até o Pai quando quiser. Você aproveitará toda a eternidade com ele (Romanos 5.1-2). Por quê? Não é porque você é bom ou merecedor, mas porque está "em Cristo" – ligado a ele – amarrado a Jesus e à sua justiça.

Alguns estudiosos da Bíblia chamam essa conexão com Jesus de: "união com Cristo". E como você está unido a Jesus, o Pai sempre o tratará como ele trata o Filho. E essa aliança jamais será desatada, nunca poderá ser desfeita.

58

OITO DIAS QUE MUDARAM O MUNDO

O que você faria se quisesse aprender mais sobre Abraham Lincoln? Se estivesse com pressa, poderia fazer uma pesquisa rápida na internet. Se, porém, quisesse aprender mais, provavelmente iria até uma biblioteca. Lá, pegaria uma biografia sobre o ex-presidente dos Estados Unidos, iria sentar-se em uma poltrona confortável e começaria a sua leitura.

Você leria um capítulo sobre a família de Abraham Lincoln e sobre como foi sua criação. Mais um ou dois capítulos seriam suficientes para abordar o início da sua carreira como advogado e depois como senador do estado de Illinois. Finalmente, você leria sobre como ele se tornou presidente e liderou a nação durante a Guerra Civil americana.

Depois, vários capítulos seriam dedicados à triste história do seu assassinato. Ao terminar o livro, você saberia bastante coisa sobre cada período da vida desse homem famoso.

No entanto, as biografias de Jesus não foram escritas dessa forma. Os autores dos evangelhos (Mateus, Marcos, Lucas e João) contam um pouco sobre o nascimento de Jesus e quase nada sobre sua infância. Em vez disso, a ação realmente começa quando ele é batizado com cerca de trinta anos de idade.

Depois, Jesus prega e realiza milagres por mais ou menos três anos. Mas os quatro evangelhos focam, principalmente, em apenas uma semana da vida de Jesus: do domingo em que o Senhor entrou em Jerusalém até o domingo seguinte, quando ressuscitou dos mortos. Foram oito dias que mudaram a história humana.

Quanto dos seus livros os autores dos evangelhos dedicam à última semana de ministério de Jesus? Mateus: oito capítulos; Marcos: seis capítulos; Lucas: seis capítulos; e João: nove capítulos. Isso significa que 29 capítulos (cerca de um terço de todos os capítulos dos evangelhos) falam sobre os últimos dias da vida terrena e do ministério de Jesus. Essa última semana é conhecida como "Semana da Paixão"; a palavra em latim passio significa "sofrimento". (Consulte o capítulo 25 para aprender mais palavras e expressões em latim.)

Por que os autores dos evangelhos dedicaram tanto dos seus escritos a essa semana? Um dos motivos é o fato de que Jesus não veio ao mundo apenas para ensinar e curar. Ele veio para morrer. Todas as suas viagens e andanças o estavam levando em direção à Cruz. Jesus disse: "Pois nem mesmo o Filho do homem veio para ser servido, mas para servir e dar a sua vida em resgate por muitos" (Marcos 10.45).

OS OITO DIAS QUE MUDARAM O MUNDO

❶ DIA 1
DOMINGO DE RAMOS

Domingo de Ramos

Entrando em Jerusalém montado em um jumento, como o profeta Zacarias disse que seria (Zacarias 9.9), Jesus é recebido por uma multidão alegre que exclamava: "Hosana ao Filho de Davi! Bendito é o que vem em nome do Senhor! Hosana nas alturas" (Mateus 21.9).

Versículos para leitura:
Mt. 21.1-11;
Mc. 11.1-11;
Lc. 19.28-44;
Jo. 12.12-19

❷ DIA 2
SEGUNDA-FEIRA

Limpeza do templo

Ao encontrar o pátio do templo cheio de compradores e vendedores, Jesus os expulsou e derrubou suas mesas.

Versículos para leitura:
Mt. 21.10-17;
Mc. 11.15-18;
Lc. 19.45-48

❸ DIA 3
TERÇA-FEIRA

Dia de ensinamentos

Jesus, contando parábolas, alerta o povo sobre os fariseus. Ele também fala das coisas que aconteceriam no futuro.

Versículos para leitura:
Mt. 21.23-24.51;
Mc. 11.27-13.37;
Lc. 20.1-21.36

DIA 4
QUARTA-FEIRA

Dia do descanso

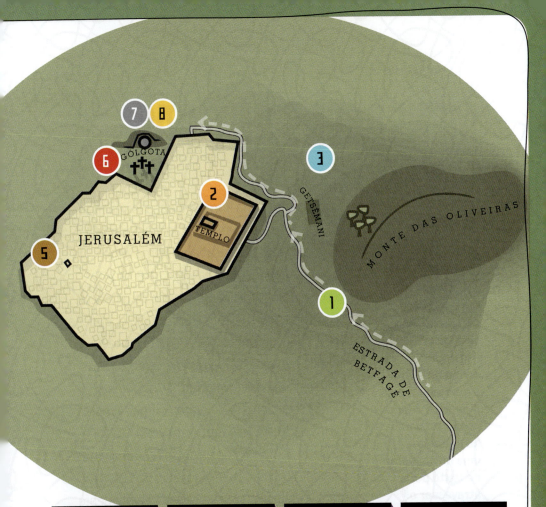

⑤ DIA 5
QUINTA-FEIRA

Última Ceia

Na sala do andar superior, com os discípulos para comer a refeição da Páscoa, Jesus dá início à tradição que chamamos de Santa Ceia. O pão representa o seu corpo que será sacrificado e o vinho representa o seu sangue que será derramado. Depois da Ceia, eles vão até o Jardim do Getsêmani para vigiar e orar.

Versículos para leitura:
Mt. 26.17-30;
Mc. 14.12-26;
Lc. 22.7-23;
Jn. 13.1-30

⑥ DIA 6
SEXTA-FEIRA

Crucificação

Jesus é traído, preso, julgado, condenado à morte, espancado e, finalmente, carregando a sua cruz, é conduzido até o Gólgota ("o lugar da caveira") para ser crucificado.

Versículos para leitura:
Mt. 27.1-61;
Mc. 15.1-47;
Lc. 22.66–23.56;
Jo. 18.28–19.37

⑦ DIA 7
SÁBADO

O Sabá

O corpo de Jesus está no sepulcro.

Versículos para leitura:
Mt. 27.62-66;
Lc. 23.56

⑧ DIA 8
DOMINGO

Ressurreição

Exatamente como havia dito, Jesus ressuscita dos mortos.

Versículos para leitura:
Mt. 28.1-13;
Mc. 16.1-20;
Lc. 24.1-49;
Jo. 20.1-31

MENSAGENS ANTIGAS

Quanto tempo leva para enviarmos uma mensagem de texto para um amigo que mora a centenas de quilômetros de distância? Não leva tempo algum. É imediato. O seu amigo receberá a mensagem no momento em que você a enviar. Na verdade, uma mensagem de texto pode atravessar o Oceano Pacífico em 1/20 de um segundo!

Contudo, na Roma antiga, a forma mais rápida de comunicação era por meio de cartas. Graças ao sistema viário romano, uma carta podia viajar de 80 a 240 quilômetros por dia (dependendo da urgência). Uma carta saída de Roma, por exemplo, poderia viajar 2.697 quilômetros até a parte norte do Império (a Londres atual) em cerca de 20 dias (aproximadamente 124 quilômetros por dia).

Os seguidores de Jesus também usavam as cartas para espalhar as boas-novas da Palavra de Deus. Temos as cópias dessas cartas até hoje (também chamadas "epístolas"). Dos 27 livros do Novo Testamento, 21 são cartas – basicamente todos os livros de Romanos até Judas. Apocalipse também é uma carta, além de pertencer a um gênero de livro especial, chamado "literatura apocalíptica" (veja o capítulo 2). A maioria dessas cartas segue o formato básico de redação utilizado naquele período.

Mas, por que os apóstolos de Jesus enviavam essas cartas? Porque eles queriam ajudar os cristãos (e as suas igrejas) em todo o Império Romano. Se você ler as cartas, verá que aqueles cristãos estavam com dificuldades em três questões básicas:

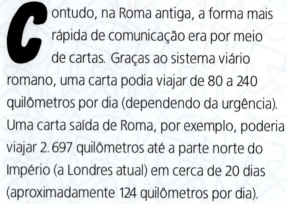

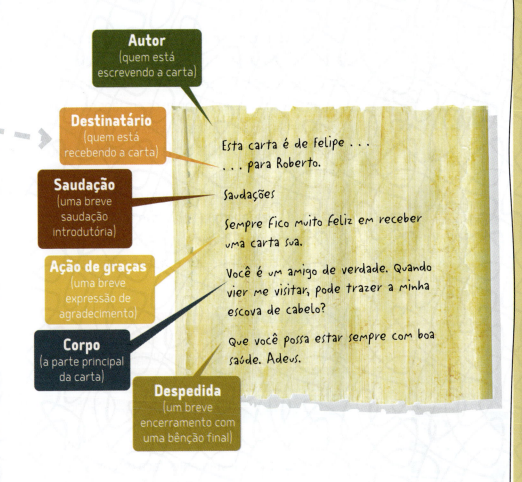

1. **Má conduta.** Eles tinham dificuldade de obedecer a Deus em meio a tantas tentações.
2. **Mau ensino.** Eles cometiam muitos erros porque não havia um bom ensino em suas igrejas.
3. **Mau comportamento.** Eles tinham dificuldade de viver como povo de Deus em meio às perseguições.

Os apóstolos escreviam cartas para explicar como as boas-novas sobre Jesus podiam ajudar em todas as dificuldades enfrentadas pelos

Você SABIA?

No Império Romano, as cartas eram escritas geralmente em longas folhas de papiro, um papel feito de uma planta chamada papiro. Para escrever suas cartas, os autores usavam um junco de 20 a 25 centímetros com a ponta afiada. Depois, eles o mergulhavam em tinta vermelha ou preta para escrever no papiro.

Como a tinta preta não era à prova d'água e podia facilmente borrar ou manchar o papel, as cartas mais importantes costumavam ser escritas com uma tinta vermelha, que era mais cara. Às vezes, por conta disso, eram carregadas dentro de envelopes de couro.

---

cristãos. As cartas mostravam como a vida, a morte e a ressurreição de Jesus traziam um novo sentido para a vida deles. E elas continuam fazendo isso até hoje, de duas maneiras: lembram os cristãos do que é verdadeiro, daquilo que Jesus já fez por eles. Elas também dizem aos cristãos o que devem fazer, como devem viver esse evangelho.

Cada carta do Novo Testamento contém tanto a parte sobre a **verdade** quanto a parte sobre aquilo que se **deve fazer**. Mas nas cartas aos romanos, aos efésios e aos colossenses, em especial, essas partes são encontradas mais facilmente.

O que é verdade	O que fazer
Romanos 1–11	Romanos 12–16
Efésios 1–3	Efésios 4–6
Colossenses 1–2	Colossenses 3–4

A próxima vez que você se sentar para ler uma das cartas do Novo Testamento, faça de conta que acabou de recebê-la pelos Correios dentro de um envelope de couro. Finja, então, que você abriu o envelope e encontrou uma folha de papiro enrolada ali dentro. Ao desenrolar o papiro para ler, lembre-se de que aquelas são palavras que Deus escreveu diretamente para você.

60

COMO ERA A IGREJA PARA OS CRISTÃOS PRIMITIVOS?

Esta capela subterrânea de pedra fica em Damasco, na Síria. Ela tem sido usada como igreja desde antes de 500 d.C.

Você já se perguntou como eram os cultos nas igrejas nos tempos bíblicos?

João, o último apóstolo vivo, morreu por volta de 95 d.C. Menos de vinte anos depois, Plínio, um governador romano da Ásia Menor (atual Turquia), enviou espiões até uma igreja próxima. Aqui está o que ele descobriu e relatou em uma carta ao imperador romano, Trajano:

"Era hábito deles reunirem-se em um dia fixo, antes do nascer do dia para recitar alternadamente algumas palavras para Cristo, como se ele fosse Deus. Eles também fazem um juramento (...) de não cometerem furtos, roubos ou adultério e prometem não quebrar sua palavra. Depois de fazerem essas coisas, eles se despedem e combinam de se encontrar novamente para comer – comidas comuns e inofensivas."

A IGREJA PRIMITIVA

O que nós teríamos ouvido...

O ENSINO DA PALAVRA DE DEUS
Atos 2.42;
1Timóteo 4.13

A LEITURA DA PALAVRA DE DEUS
1Timóteo 4.13

ORAÇÃO AO SENHOR
Atos 2.42;
1Timóteo 2.8

LOUVOR E ADORAÇÃO
1Coríntios 14.26; Efésios 5.18-20; Colossenses 3.15-17

O RELATO DE HISTÓRIAS E TESTEMUNHOS
Atos 14.27; 15.3-4

O que nós teríamos visto...

Coleta de dinheiro para ajudar os necessitados
Atos 2.44-47;
Filipenses 4.15

A celebração da Santa Ceia
Atos 2.42; 20.7;
1Coríntios 11.16-34

A escolha de líderes de ministério
Atos 6.1-6; 15.22;
2Coríntios 8.19

O uso dos dons espirituais para o serviço e benefício de todos
1Coríntios 14.1, 12, 26

O arrependimento de pecadores e sua restauração à comunidade
Mateus 18.15-20;
1Coríntios 5.1-8

Ninguém garante que os espiões de Plínio estavam contando toda a verdade. Mas, se nós pudéssemos presenciar um culto da Igreja Primitiva, sabemos de algumas coisas que poderíamos ver ou ouvir. Como? Bem, a Bíblia nos diz isso, como podemos observar no gráfico a seguir.

Porém, Deus disse que qualquer coisa feita na igreja – fosse o uso dos dons espirituais, a escolha de líderes, o ensino e a leitura da Palavra, a celebração da Santa Ceia, a restauração de um pecador, as orações ao Senhor, o relato de testemunhos, a coleta do dinheiro ou os louvores e a adoração – tudo deveria ser realizado com amor (1 Coríntios 13).

Quando o amor guia tudo o que fazemos na igreja, ajudamos uns aos outros a sermos parecidos com Jesus. É por isso que 1Coríntios 14 nos lembra, repetidamente, de fazer tudo na igreja para que os outros sejam edificados e auxiliados (versículos 4, 5, 12, 17, 26).

Portanto, na próxima vez que você for à igreja, não vá somente para assistir. Colabore onde puder. Se for muito novo, talvez não seja capaz de ensinar a Bíblia, mas com certeza poderá encorajar alguém ou demonstrar amor e bondade. Antes de ir à igreja neste domingo, leia 1Coríntios 13.4-7. Então, peça que o Senhor o ajude a dar forças a uma pessoa quando estiver no culto.

COMO SUA BÍBLIA CHEGOU ATÉ VOCÊ?

A resposta curta é: Deus escreveu a Bíblia e seus pais a compraram para você. Simples.

A resposta longa é bem maior que isso. Observe a próxima página de cima a baixo para aprender mais sobre como sua Bíblia chegou até você. Primeiro, logo no início, verá que Deus se revelou ativamente ao seu povo. Ao final da página, o Senhor ensina, silenciosamente, o que a sua Palavra ensina. No meio está todo o processo responsável por criar a Bíblia que você possui hoje.

1. REVELAÇÃO:
Deus agiu, revelando-se na história humana.
Exemplo: Deus providenciou um carneiro para Abraão sacrificar (Gênesis 22.1-19; 35.7).

2. INSPIRAÇÃO:
Deus moveu e usou as pessoas para escreverem. O Espírito Santo garantiu que as Escrituras eram a própria Palavra de Deus, enquanto estavam sendo escritas.
Exemplo: O Espírito Santo inspirou Moisés a escrever sobre o sacrifício de Abraão (Deuteronômio 31.9; 2Pedro 1.21; 2Timóteo 3.16-17).

3. CANONIZAÇÃO:
Deus guiou as pessoas a aceitarem os escritos que ele inspirou.
(Êxodo 24.3; Josué 24.26; 1Coríntios 14.37-38)

4. TRANSMISSÃO E PRESERVAÇÃO:
Muitas cópias já foram feitas da Palavra de Deus. Ele protege sua Palavra inspirada, impedindo que ela seja perdida.
(Deuteronômio 17.18; Josué 8.32; Deuteronômio 31.26; 2Reis 23.24; 2Pedro 3.15-16)

5. TRADUÇÃO:
Deus capacita as pessoas a comunicarem claramente a sua Palavra em muitos idiomas.
(Neemias 8.8; Mateus 1.23)

6. ILUMINAÇÃO:
Quando lemos a Bíblia, Deus, por meio do Espírito Santo, ensina, ajuda e transforma por meio da leitura da sua Palavra.
(2Pedro 3.16; 2Timóteo 2.7)

62
ANOTAÇÕES

Você sabia que, se for à igreja uma vez por semana, poderá ouvir mais de três mil pregações antes de completar setenta anos de idade? São muitas pregações! E por que ouvimos pregações na igreja?

Na Bíblia, aprendemos que quando o povo de Deus ouve a Palavra do Senhor, sua fé é fortalecida. A fé cresce quando somos lembrados de quem Deus é, do quanto ele nos ama, de tudo o que fez por nós e tudo o que nos ajuda a realizar (leia Atos 20. 31-32).

Ouvir a Palavra de Deus sendo pregada é uma das formas pelas quais o Senhor intensifica a fé. Então, o que você se lembra da pregação que escutou no último domingo? Uma boa maneira de aprender por meio dos sermões é fazendo anotações. Aqui estão algumas ideias para facilitar a compreensão das pregações e para amadurecer conforme as escuta:

Prepare-se. Não há melhor jeito de se preparar para ouvir a Palavra de Deus do que por meio da oração. Peça ao Espírito Santo que o ensine; peça que o ajude a prestar atenção e entender o que está ouvindo. E não se esqueça de levar uma caneta e um bloco de anotações. Você pode até preferir usar um caderno para fazer notas semanais.

No início da pregação, comece escrevendo os fatos básicos: o nome do pastor, a data e a passagem das Escrituras usada como base. A seguir, estão alguns pontos que podem ajudá-lo a se beneficiar do que está sendo pregado no sermão:

- Faça uma lista de tudo o que você ouvir sobre Deus. Como o Senhor é? O que ele ama? O que realizou? Quais promessas fez? Quais ordens deu? E assim por diante.

- Tente seguir o plano ou esboço do pregador. Normalmente os pastores escolhem um tema central e o desenvolvem, utilizando diversas ideias como apoio. Identifique, portanto, o tema central e anote-o. Esse será o grande conceito desenvolvido pelo pastor; a pregação será feita em torno disso. A partir daí, busque se guiar pelo fluxo da mensagem. Aqui está um exemplo.

  > Passagem: João 3.16
  > Tema central: Deus é amor.
  > Esboço:
  > 1. O amor de Deus é misericordioso ("Deus amou o mundo")
  > 2. O amor de Deus é sacrificial ("deu seu Filho Unigênito")
  > 3. O amor de Deus é eterno ("mas tenha a vida eterna")

- Pergunte: "Como o Senhor está me guiando a colocar em prática o que ouvi?" Deus deseja que façamos mais do que apenas escutar sua Palavra; ele quer que tenhamos uma reação a ela. Há promessas nas quais devemos confiar? Mandamentos aos quais devemos obedecer? Verdades nas quais acreditar? Pecados a confessar? Anote seu plano de ação.

- Com um professor como o Espírito Santo, certamente existirão questões que saltarão aos seus olhos. Escreva-as para refletir sobre elas mais tarde. Separe, então, um tempo para reler as anotações no mesmo dia ou em algum outro momento da semana. Sempre que você refletir sobre o que ouviu, peça a Deus que ajude você a acreditar de verdade e a obedecer ao que aprendeu por meio da Palavra do Senhor.

COMO FAZER UM RELÓGIO DE SOL

> ELE [DEUS] FEZ A LUA PARA MARCAR ESTAÇÕES; O SOL SABE QUANDO DEVE SE POR.
> SALMO 104.19

Você seria capaz de dizer as horas sem olhar um relógio? Muito tempo antes de existires relógios e telefones celulares, as pessoas conseguiam saber as horas. Como? Elas olhavam para a posição do sol no céu e adivinhavam a hora do dia. Outras pessoas, no entanto, encontraram uma maneira melhor de descobrir a hora – usando os relógios de sol.

Os relógios de sol precisam de uma vareta, pois ela será o ponteiro responsável por fazer a sombra do sol, que marcará a hora. Esses relógios eram usados nos tempos do Antigo Testamento. A Bíblia o menciona em Isaías 38.8: "'Farei a sombra do sol retroceder os dez degraus que ela já cobriu na escadaria de Acaz.' E a luz do sol retrocedeu os dez degraus que tinha avançado."

Qual é o poder ou a tecnologia que permite o funcionamento dos relógios de sol? Deus! O universo, criado por ele, sempre funciona perfeitamente no horário determinado pelo Senhor. O sol nasce e se põe de acordo com o padrão estabelecido pelo Criador. Podemos definir nossos relógios seguindo esse padrão. E era exatamente isso que as pessoas fizeram, durante milhares de anos, ao usarem relógios de sol. Veja como você pode fazer seu próprio relógio de sol.

Você vai precisar de: Um pedaço de papelão grosso, ou um prato de papelão, uma vareta, ou um canudo grande, um medidor de ângulo, uma bússola magnética (uma bússola digital), um lápis, um relógio e uma fita.

1. Fixe a vareta no pedaço de papelão. Ela será seu ponteiro. A vareta deve ficar centrada a cerca de dois centímetros da borda do papelão. Você pode fixá-la usando uma fita. Certifique-se de que a vareta não fique saindo por baixo do papelão.

2. Use o medidor de ângulo para assegurar que a vareta esteja perfeitamente reta, sem se inclinar para um lado ou para o outro. Gire o medidor em volta da vareta para conferir se todos os lados marcam 90° no medidor. Se a vareta estiver se mexendo, use mais fita para prendê-la na posição vertical.

3. Coloque o papelão ao sol. Ajuste-o para que a borda do papelão oposta à vareta esteja voltada para o norte. Se quiser, pode usar uma bússola física ou uma digital para saber onde está o norte. Você também deverá marcar no chão exatamente onde posicionou seu relógio de sol, pois caso ele saia do lugar correto, não funcionará apropriadamente.

4. Olhe para o seu relógio. Quando uma nova hora começar (16 horas, por exemplo), marque no papelão onde a sombra da vareta estava naquele exato momento. Anote a hora ao lado da marcação.

5. Repita a etapa #4 quando cada nova hora começar, marcando o local da sombra a cada sessenta minutos. Faça isso durante vários dias para se certificar de que suas marcações estão no lugar certo. Obviamente, os relógios de sol só marcam as horas do dia, portanto você precisará fazer seu trabalho depois que o sol nascer e antes dele se pôr.

6. Tenha bastante cuidado para o papelão não se mexer. Prenda-o bem ao chão ou marque com exatidão onde você o deixou na primeira vez para que possa colocá-lo no mesmo lugar nas próximas vezes.

Com seu relógio de sol, você poderá marcar as horas exatamente como os antigos fizeram por milhares de anos! E, sempre que olhar para as horas, lembre-se do Salmo 104.19. Este é um bom versículo para você anotar no papelão do seu relógio de sol!

64
MAIS MULHERES QUE DERAM A VIDA POR CRISTO

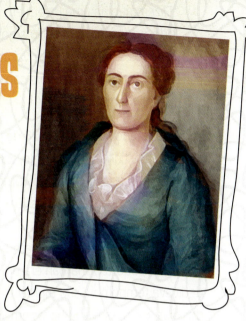

SARAH EDWARDS

Em 1710, James e Mary Pierpont tiveram uma filha, Sarah, em New Haven, Connecticut. James e Mary eram cristãos devotos. Eles também eram pessoas cultas e membros ricos da sociedade no tempo das primeiras colônias americanas. James era pastor e foi um dos fundadores da faculdade de Yale (agora Universidade de Yale). O avô de Mary foi o primeiro prefeito da cidade de Nova York.

Não se sabe muito sobre a infância de Sarah, mas aos 13 anos ela começou a chamar a atenção de um estudante de Yale inteligente, sério e um pouco desajeitado socialmente, chamado Jonathan Edwards. Espiritual, humilde, intenso e brilhante, Edwards tornou-se um pastor famoso e é considerado o maior teólogo norte-americano. Os escritos desse grande homem de Deus são muito lidos ainda hoje. Logo após conhecer Sarah, ele escreveu:

"Dizem que há uma jovem em New Haven que é amada pelo Ser Todo-poderoso, que criou e governa o mundo. Em determinados períodos, este grande Ser vai até ela e enche sua mente com tanto prazer que ela não é capaz de se preocupar com mais nada, exceto em meditar nele."

Quatro anos depois, em 28 de julho de 1727, Jonathan e Sarah se casaram. Ela tinha 17 anos e ele, 23. Fazia cinco meses que Jonathan estava em seu novo emprego como pastor assistente de seu avô em Northampton, Massachusetts. Em dois anos, o avô morreu, e Jonathan virou o pastor titular da igreja.

A vida de casada com Jonathan Edwards revelou-se desafiadora e recompensadora. Jonathan era um marido e pai amoroso, que sempre dedicava tempo para sua mulher e seus 11 filhos. No entanto, na maioria dos dias, ele passava 14 horas em seu escritório: preparando mensagens, orando pelos 620 membros de sua igreja e fazendo aconselhamentos àqueles que o procuravam para se consultar.

Assim, embora Sarah tivesse liberdade para interromper a programação do seu marido a qualquer momento, ela era a encarregada de tomar conta de tudo o que envolvia a casa e a sua sempre crescente família. A vida cotidiana de Sarah era cheia de muito trabalho pesado – uma vida muito diferente da sociedade rica em que ela crescera. Um autor descreveu a casa dos Edwards da seguinte maneira:

"É difícil para nós, em nossas casas aquecidas e confortáveis, imaginar as tarefas que Sarah precisava cumprir ou delegar, como quebrar o gelo para tirar água, pegar lenha e acender o fogo, cozinhar e preparar o almoço para viajantes visitantes, fazer as roupas da família (desde tosquiar as ovelhas até preparar a lã e costurar), plantar e cultivar os alimentos, fazer vassouras, lavar a roupa, cuidar dos bebês e das crianças, fazer velas, alimentar as aves, supervisionar o abate, ensinar aos meninos o que eles não haviam aprendido na escola e treinar as meninas nos afazeres domésticos. E tudo isso era apenas uma fração das tarefas e das responsabilidades de Sarah."

E, com o tempo, todos os esforços diários de Sarah em sua vida e sua família floresceram de forma que ela nunca poderia ter imaginado. Os seus 11 filhos cresceram e fizeram grandes contribuições à sociedade. Uma pesquisa realizada em 1900 mostrou que, até então, entre seus descendentes, havia 13 reitores de universidades, 65 professores universitários, 100 advogados, 30 juízes, 66 médicos e 80 titulares de cargos públicos, incluindo três senadores dos Estados Unidos, três prefeitos, três governadores, um vice-presidente dos Estados Unidos e um controlador do Tesouro americano. Além disso, muitos entraram no ministério e outros 100 serviram como missionários no exterior.

Como uma mulher conseguiu fazer tanto e com tanta fidelidade? A resposta está no fato de que Sarah encontrava forças na confiança que depositava em seu Pai

A Palavra diz

"Quem os condenará? Foi Cristo Jesus que morreu; e mais, que ressuscitou e está à direita de Deus, e também intercede por nós." (Romanos 8.34)

Leia o que Sarah escreveu sobre Romanos 8.34:

Quando eu estava sozinha e as palavras desse versículo vieram à minha mente com muita força e doçura, peguei a Bíblia e li as palavras de todo aquele capítulo. Elas foram, então, gravadas em meu coração com uma força e doçura ainda maiores... Derretida e dominada pela doçura dessa certeza, caí em lágrimas e não pude deixar de chorar em voz alta. Parecia-me certo que Deus era o meu Pai e Cristo o meu Senhor e Salvador, que ele era meu e eu dele... A presença de Deus era tão próxima e real, que eu mal estava consciente de qualquer outra coisa.

Celestial. Embora estivesse sempre muito ocupada em casa, na igreja e no cuidado dos 11 filhos, ela não negligenciava o seu relacionamento com Cristo. Sarah buscava alegria em Deus.

Um de seus primeiros biógrafos escreveu: "Sua religião nada tinha de sombrio ou proibitivo em seu caráter. Por mais incomum que isso fosse, sua religião era eminentemente alegre."

Após 23 anos servindo na igreja em Northampton, a família Edwards partiu para trabalhar como missionários na comunidade indígena de Massachusetts. Naquela nova região, sem a pressão de liderar uma igreja, Jonathan dedicou-se a escrever. Já a Sarah passou mais tempo aproveitando sua família, com seus filhos agora mais velhos. Sete anos depois, Jonathan foi eleito presidente do que viria a ser a Universidade de Princeton.

O que Sarah e Jonathan não sabiam era que aquela mudança para Princeton seria o início do último capítulo de sua vida de casados. Jonathan havia viajado sozinho para Princeton, em Nova Jersey, enquanto a família ia se juntar a ele apenas alguns meses depois.

No entanto, poucas semanas após chegar ao seu novo posto, Jonathan pegou varíola logo após ser vacinado contra a doença. Ele morreu dias depois. Sarah e as crianças ficaram arrasadas com a perda. Contudo, o Senhor deu forças a elas para colocarem sua esperança no Deus que nunca morre. Quando soube da notícia, Sarah escreveu imediatamente à sua filha mais velha, Esther:

> Ó, minha amada filha,
>
> o que posso dizer? Nosso santo e bondoso Deus nos cobriu com uma nuvem negra. Que todos nós possamos beijar o cajado e cobrir nossa boca. O Senhor o fez. Ele me fez adorar sua bondade, da qual desfrutamos por muito tempo. Mas o meu Deus vive e é o dono do

meu coração. Ó, que legado meu marido e seu pai nos deixou. Estamos todos entregues a Deus, e é assim que eu amo estar.

Da sua mãe que a ama,
Sarah Edwards.

Porém, sua filha Esther nunca chegou a receber essa carta, pois também morreu no dia 7 de abril de 1758. Em outubro do mesmo ano, a própria Sarah também morreu, de febre reumática. Ela tinha apenas 49 anos de idade.

No entanto, por meio das palavras de sua própria boca e das gerações que viveram depois dela, o legado de Sarah duraria. Ela era uma mãe, mulher e cristã devota. Porém, nenhum desses papéis – esposa, mãe, membro de igreja e missionária – era o mais importante para Sarah. No fundo, Sarah Pierpont Edwards era uma filha amada e adoradora alegre do seu Pai Celeste por meio do evangelho do seu Salvador, Jesus Cristo.

HANNA FAUST

Carinhosamente conhecida como "tia Hanna" entre os cristãos alemães, Johanna (abreviado para Hanna) Faust é relativamente desconhecida atualmente em países de língua inglesa. Ela não era mulher de pastor ou missionária. Não era autora nem atleta. Não era um gênio nem veio de uma família importante. Hanna era simplesmente uma serva de Cristo.

Por mais de sessenta anos, Hanna Faust ajudou os necessitados – doentes, pobres, tristes e pecadores. Enquanto tentava aliviar a dor dos outros, ela mesma experimentou grande sofrimento. Porém, as dificuldades terrenas importavam muito pouco para Hanna comparadas ao sofrimento eterno das pessoas. Por isso, os seus trabalhos de amor vinham acompanhados da mensagem do amor de Cristo. Ela servia para Cristo e falava sobre Cristo.

Nascida em setembro de 1825, Hanna cresceu em Elberfeld, uma vila na cidade de Wuppertal, no noroeste da Alemanha, não muito longe da fronteira com a Holanda. Quando era jovem, ela gastava longas horas tecendo pano em um moinho. Mas, de manhã cedinho, antes do trabalho, ela ia até o rio lavar as roupas de pessoas doentes.

Depois do trabalho, Hanna passava as noites fazendo visitas aos pobres e doentes. Um homem descreveu o que ela fazia com as seguintes palavras: "Ela varria, arrumava camas e, armada com um balde e esfregão, invadia e limpava as casas mais desmazeladas."

Na década de 1840, quando muitos alemães, homens e mulheres, estavam morrendo de cólera, Hanna continuou servindo, mesmo depois de começar a apresentar alguns sintomas da doença. Ela disse: "Ninguém pode me afastar dos meus pobres e doentes. Eles precisam muito de mim."

Em meio a tudo isso, Deus protegeu Hanna. Ela lembrou: "Durante os surtos de tifo, cólera e varíola negra, cuidei dos doentes, dia e noite, e minha saúde foi preservada. Certa vez, não havia trocado de roupa por três semanas, fui para Kronenburg (duas horas de distância) e dormi durante 18 horas. Então, voltei renovada e feliz para Elberfeld."

Quando atingiu a vida adulta, o peso dos desafios de Hanna tornou-se ainda maior. Infelizmente, seu marido vivia bêbado, e, embora não trabalhasse mais como tecelã, Hanna ganhava muito pouco vendendo café pelas ruas da cidade, carregando cestas pesadas de café em cada braço.

Ela tinha muita dificuldade para ganhar o suficiente a fim de pagar por suas necessidades básicas. As roupas eram ásperas (pois aquele tipo de tecido era mais barato) e surradas (ela não podia comprar roupas novas quando as suas ficavam velhas). Sua dieta diária normalmente se baseava nos alimentos mais simples – grãos, sopa, batatas e leite.

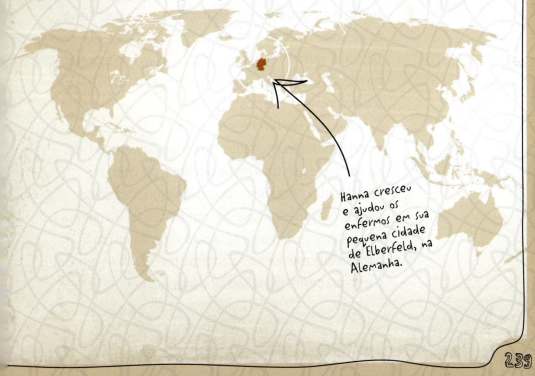

Hanna cresceu e ajudou os enfermos em sua pequena cidade de Elberfeld, na Alemanha.

> **HANNA ESTAVA CONVENCIDA DE QUE AS PESSOAS ENTENDERIAM A PALAVRA DE DEUS MAIS CLARAMENTE QUANDO "VISSEM" A SUA VERDADE INVISÍVEL POR MEIO DO SERVIÇO VISÍVEL.**

No entanto, mesmo sofrendo e ajudando aqueles que também sofriam, Hanna sempre manteve o senso de humor e irradiava alegria. Certa vez, um rico empresário expressou surpresa ao ver a boa atitude de Hanna: "Frau ("senhora" em alemão) Faust, como você parece feliz!" Hanna respondeu, contando ao homem sobre a paz e a alegria que ela havia encontrado em Jesus e acrescentou: "Você também pode ser tão feliz quanto eu!"

As andanças pela cidade colocavam Hanna em contato com os níveis mais baixos da sociedade: excluídos e criminosos. Para esses, ela coletava e distribuía dinheiro, roupa e comida. Com o tempo, ela fundou várias organizações para promover esse tipo de ajuda. Hanna também fundou uma escola dominical para crianças que viviam na pior parte da cidade, uma favela chamada Elendstal. Foi lá que as crianças deram a ela o nome pelo qual se tornou conhecida: tia Hanna.

Hanna viveu até 1903. Mesmo em sua velhice, tia Hanna entregou sua vida, assim como Jesus, para servir às pessoas. Quando estava na casa dos 70 anos, ela passou a visitar prisões e a ajudar meninas que moravam na rua. Às vezes, quando estava nas ruas de Elberfeld, ela chegou a correr risco de morte.

Uma vez, Hanna chegou em casa e encontrou uma grande confusão em frente. No centro da multidão, um rapaz estava prestes a matar o próprio pai com uma faca. Hanna entrou na confusão, agarrou o braço do rapaz e o levou para casa. Em outra ocasião, ela entrou, corajosamente, em uma casa para impedir que um homem atacasse a esposa com um machado. A coragem e a bondade de Hanna são lendárias.

Mas, por que Hanna – uma mulher comum – entregou a vida para servir aos outros? Ela deu a vida pelos outros porque Cristo havia se entregado primeiro por ela. Ao se lembrar de momentos de sofrimento, Hanna disse: "Naqueles anos, o meu Salvador se tornou tudo para mim."

Hanna ofereceu a vida a Cristo para a salvação dos seus pecados quando era apenas uma menina. Ela servia aos necessitados porque queria que as pessoas ouvissem as boas-novas sobre Jesus. Hanna estava convencida de que as pessoas entenderiam a Palavra de Deus mais claramente quando "vissem" sua Verdade invisível por meio do serviço visível. Ela disse: "É preciso mostrar às pessoas que as amamos, dessa forma as conquistaremos."

Hanna Faust foi uma mulher comum, contudo ela fez coisas extraordinárias ao se entregar em atos de serviço humilde para exaltar seu Salvador.

65

ARMAS NA BÍBLIA

POIS A NOSSA LUTA NÃO É CONTRA PESSOAS, MAS CONTRA OS PODERES E AUTORIDADES, CONTRA OS DOMINADORES DESTE MUNDO DE TREVAS, CONTRA AS FORÇAS ESPIRITUAIS DO MAL NAS REGIÕES CELESTIAIS.
EFÉSIOS 6.12

A Bíblia está repleta de contos de guerra. Suas páginas recontam cercos difíceis, duelos sangrentos, combates abertos e planos secretos. Até o próprio Deus luta pelo seu povo como um guerreiro divino (Habacuque 3. 3-15). Na verdade, a própria Bíblia é chamada de "espada" do Espírito (Efésios 6. 17).

Desde o início, Deus disse que, por causa do pecado, este mundo estaria cheio de batalhas. Desde que Adão e Eva cederam à tentação de Satanás, surgiu um conflito espiritual entre o povo de Deus e aqueles que pertencem a Satanás (Gênesis 3. 15).

Jesus disse: "Se o mundo os odeia, tenham em mente que antes odiou a mim." (João 15. 18). O povo de Deus sempre esteve envolvido nesse tipo de conflito.

Contudo, no Novo Testamento, os seguidores de Cristo não pegam em espadas e escudos para combater inimigos físicos. Em vez disso, eles estão envolvidos em uma guerra espiritual (Efésios 6. 10-17). Mas, aqueles que pertencem a Cristo lutam em batalhas espirituais sabendo que a guerra já foi vencida. Pela sua morte e ressurreição, Jesus derrotou a morte, o pecado e o Diabo. (Leia João 16. 11; Colossenses 3. 15; Hebreus 2. 14.)

No entanto, nos tempos do Antigo Testamento, as batalhas travadas pelo povo de

Quantos guardas romanos tomaram conta de Paulo na prisão ao mesmo tempo?

Resposta: 470 guardas (Atos 23.23)

Deus eram muitas vezes físicas, e eles usavam armas mortais. Aqui estão algumas das armas mencionadas na Bíblia:

MACHADO DE GUERRA. Utilizado em combates corpo a corpo, essa arma foi projetada para esmagar ou despedaçar (Jeremias 51.20). Uma versão menor dela era a "vara", um cajado pesado de madeira em que muitas vezes se colocava um peso em uma de suas extremidades para causar impacto maior (Salmos 2.9; 23.4).

LANÇA. De uso comum dos soldados, essa arma de arremesso era uma longa haste de madeira com ponta de metal (1Samuel 17.6-7). Era parecida com o dardo (Jó 41.26).

ARCO E FLECHA. Feito de madeira e, frequentemente, reforçado com bronze, chifres ou tendões de animais, os arcos eram uma arma habitual nos tempos antigos (Jeremias 50.14; 1Crônicas 5.18). Os arqueiros, a pé ou a cavalo, costumavam usar arcos de curva simples ou dupla para o lançamento de flechas feitas de junco, que, às vezes, tinham pontas de metal.

ESPADA. De longe, essa é a arma mais comum mencionada na Bíblia (423 vezes!). Mas existiam vários tipos de espada.

ESPADA DE FOICE—Feita de uma única peça de metal curvo, essa espada ajudou os israelitas a conquistarem a terra de Canaã por volta de 1406 a.C.

ESPADA LARGA—Carregada em uma bainha, pendurada em um cinto, essa arma era reta e mais longa do que a espada de foice. Isso lhe concedia maior poder de ataque. Utilizada primeiro pelos filisteus, no início, essa espada só possuía um gume. Mais tarde, foi desenvolvida a espada de "dois gumes" (Apocalipse 2. 12).

ESPADA CURTA—A espada curta, ou adaga, tornou-se praticamente o braço do soldado romano (Efésios 6. 17; Lucas 22. 52). No entanto, centenas de anos antes, um juiz israelita, Eúde, usou uma adaga para matar o rei ímpio, Eglom (Juízes 3. 21). Os soldados não cortavam com o gume dessa lâmina, em vez disso usavam sua ponta para golpear o inimigo.

FUNDA. Essa arma de longo alcance era usada tanto por pastores quanto por soldados (1Samuel 17. 40). Veja o capítulo 12 para aprender mais sobre fundas.

CATAPULTA. Uma grande máquina que atirava flechas e grandes pedras. Pode-se dizer que era uma versão melhorada da funda (2Crônicas 26. 15) e, também, a arma mais temida de 800 a.C. a 1500 d.C. Modelos mais avançados de catapultas antigas tinham capacidade de lançar pedras que pesavam várias toneladas e que possuíam o comprimento de quatro campos de futebol.

Quanto pesava a armadura do gigante Golias?
Resposta: Cerca de 60kg (1Samuel 17.5).

FAÇA SUA PRÓPRIA CATAPULTA

Você vai precisar de: oito palitos de picolé, pelo menos três elásticos resistentes, uma tampa de garrafa de refrigerante e cola.

1. Amarre dois palitos com um elástico em uma extremidade.

2. Empilhe seis palitos e coloque-os dentro dos dois palitos amarrados com o elástico, forçando-os a se abrir.

3. Use dois elásticos para prender firmemente os palitos no meio. Faça isso primeiro com uma diagonal, depois com a outra.

4. Aplique a cola para grudar a tampa de garrafa na ponta de um dos palitos (a ponta aberta).

5. Espere secar. Agora sua catapulta está pronta para ser usada. Ponha dentro da tampa de garrafa o objeto que você deseja lançar, empurre o palito para baixo e solte-o. Lembre-se: somente utilize a catapulta para arremessar objetos em locais seguros. E também não deixe de colocar óculos de proteção. Se for brincar dentro de casa, use objetos leves e macios, como marshmallows ou borrachas.

SÍMBOLOS CRISTÃOS QUE VOCÊ DEVERIA CONHECER

1

2

3

4

1. **ALFA/ÔMEGA**—*Alfa* (A) é a primeira letra do alfabeto grego e *omega* (Ω) é a última. (Leia o capítulo 52 para aprender mais sobre o grego). No último livro da Bíblia, Jesus diz: "Eu sou o Alfa e o Ômega", diz o Senhor Deus, "o que é, o que era e o que há de vir, o Todo-poderoso" (Apocalipse 1.8; 21.6; 22.13). O símbolo A/Ω lembra-nos de que, independentemente do que aconteça, Jesus estará sempre ao nosso lado, do início ao fim.

2. **ÂNCORA**—A âncora lembra-nos de que Cristo nos mantém estáveis e seguros. É assim que Hebreus 6.19-20 fala sobre nossa esperança estar firme e segura em Jesus. Nossa esperança está ancorada no céu; então todos os cristãos (aqueles que estão em Jesus), um dia, chegarão em segurança no porto celestial.

3. **POMBA**—Na Bíblia, às vezes o Espírito Santo é representado pela pomba. Em Gênesis 1.2, o Espírito Santo pairou sobre as águas como uma pomba que vigia amorosamente sua criação. No batismo de Jesus, o Espírito Santo desce sobre ele em forma de pomba, o símbolo da paz (Mateus 3.16).

4. **CHI-RHO**—Em grego, as duas primeiras letras do nome de Cristo são *chi* (X) e *rho* (P). Os cristãos primitivos usavam essas duas letras para criar um símbolo que os lembrasse de seu Salvador Jesus Cristo.

> **Você SABIA?**
>
> O símbolo universal do cristianismo não é a manjedoura do bebê, nem o martelo do filho do carpinteiro, nem a toalha do servo divino. O símbolo de Cristo e sua igreja é simplesmente a cruz. Esse símbolo não aponta para seu nascimento, para seus ensinamentos, para seus milagres ou para sua ressurreição. Mas, em vez disso, a cruz aponta para a própria cruz, que permanece como uma lembrança da sua morte humilde e dolorosa em nosso lugar e por nossos pecados (Paráfrase de *A cruz de Cristo*, de John Stott).

Vire a página para mais símbolos →

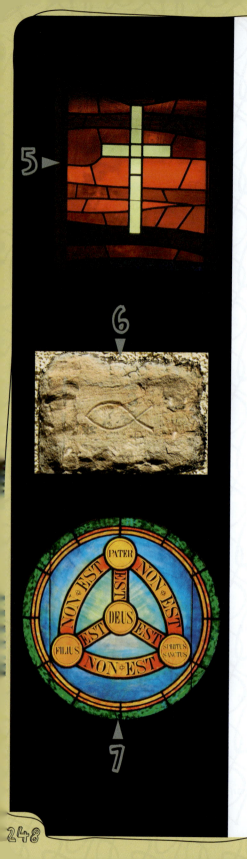

5 CRUZ —Nos dias de Jesus, o Império Romano usava a cruz para executar os piores criminosos. No entanto, Jesus morreu em uma cruz como punição pelos nossos pecados. E, por isso, essa terrível ferramenta de morte passou a representar as boas-novas sobre o sacrifício do Senhor pelos pecadores.

6 PEIXE —Esse símbolo é conhecido pelo nome grego para peixe, ΙΧΘΥΣ (*ichthus*). Isso nos lembra que Jesus chamou seus discípulos, dizendo: "Sigam-me, e eu os farei pescadores de homens" (Marcos 1.17). Mas as letras nesta palavra grega também formam um acróstico, ou seja, cada letra de ΙΧΘΥΣ representa uma palavra ou um nome inteiro.

Iota (Ι) é a primeira letra de "Jesus"; chi (Χ) é a primeira letra de "Cristo"; theta (Θ) é a primeira letra de "Deus"; upsilon (Υ) é a primeira letra de "Filho"; e sigma (Σ) é a primeira letra de "Salvador".

7 TRIÂNGULO —Os cristãos usavam esse símbolo para apontar as três pessoas da Trindade: Pai, Filho e Espírito. Às vezes, os cristãos desenhavam um triângulo simples. Em outras ocasiões, eles criavam versões mais bonitas e complicadas. As palavras na imagem estão em latim. Veja se consegue descobrir o que elas dizem.

67

O QUE FAZER QUANDO COISAS RUINS ACONTECEM

"Aconteceu mesmo um acidente com o trem", disse Aslam suavemente.
"Seu pai, sua mãe e todos vocês estão mortos – como se costuma dizer nas Terras Sombrias."
A Última Batalha, C. S. Lewis

Com essas palavras, C. S. Lewis começa o final do último livro das Crônicas de Nárnia. Os heróis da história ouvem a terrível notícia que anuncia sua própria dor e perda. Essas crianças não são as únicas a experimentarem dificuldades. Em algum momento da vida, seus pais provavelmente o levaram ao pronto-socorro.

Talvez você tenha precisado se mudar e morar longe dos seus amigos, talvez já tenha perdido um brinquedo preferido, um animal de estimação, ou algo ainda pior. É fácil aproveitar as coisas boas da vida. No entanto, como devemos reagir quando coisas ruins acontecem?

Jesus sabe exatamente o que precisamos fazer. Sabe por quê? Porque ele entende exatamente o que você está passando. Afinal, Cristo veio ao mundo, sofreu e morreu (Isaías 53.4-6). O próprio Deus já experimentou a sua dor. E aqui está o que ele nos manda fazer quando enfrentamos coisas ruins e difíceis:

NÃO SEJA PEGO DE SURPRESA. O apóstolo Pedro lembra-nos: "Amados, não se surpreendam com o fogo que surge entre vocês para os provar, como se algo estranho lhes estivesse acontecendo" (1Pedro 4. 12). Todo mundo enfrenta dificuldades, mas Deus nos prometeu que os sofrimentos do nosso mundo caído nos levarão à glória da nova criação. As dificuldades e os sofrimentos são uma maneira pela qual o Senhor organizou as coisas. Veja o que o apóstolo Paulo diz em Romanos 8:

"Sabemos que toda a natureza criada geme até agora, como em dores de parto. E não só isso, mas nós mesmos, que temos os primeiros frutos do Espírito, gememos interiormente, esperando ansiosamente nossa adoção como filhos, a redenção do nosso corpo." (Romanos 8. 22-23)

DIGA A DEUS COMO VOCÊ SE SENTE. Quando coisas ruins ocorrem, o Senhor não quer que você reprima sua dor dentro do coração. Você deve dizer aos outros como se sente. Deus também deseja que você expresse sua dor, raiva e tristeza a ele. Mesmo quando não souber quais palavras usar, o Espírito Santo ouve os gemidos do seu coração cheio de dor e ora ao Pai por você.

"Da mesma forma o Espírito nos ajuda em nossa fraqueza, pois não sabemos como orar, mas o próprio Espírito intercede por nós com gemidos inexprimíveis. E aquele que sonda os corações conhece a intenção do Espírito, porque o Espírito intercede pelos santos de acordo com a vontade de Deus." (Romanos 8. 26-27)

CONFIE NO BOM PLANO DE DEUS. O Senhor tem um grande plano para a sua vida. Ele está orquestrando tudo o que acontece com você por um propósito: torná-lo mais parecido com seu Filho Jesus Cristo. Deus usa a dor para moldar os cristãos à semelhança de Cristo.

"Sabemos que Deus age em todas as coisas para o bem daqueles que o amam, dos que foram chamados de acordo com o seu propósito. Pois aqueles que de antemão conheceu, também os predestinou para serem conformes à imagem de seu Filho, a fim de que ele seja o primogênito entre muitos irmãos." (Romanos 8.28-29)

LEMBRE-SE A QUEM VOCÊ PERTENCE. Em tempos de dor ou tristeza, é fácil esquecer de tudo o que Deus fez por nós. Antes de se converter, você era um pecador perdido, condenado a enfrentar a punição de Deus pelo seu pecado. Mas, agora, como filho de Deus, você é profundamente amado – um membro da família do Senhor, perdoado, aceito e estimado. A primeira

PENSE NISTO

Um dos cristãos mais famosos do século 19 foi o pastor britânico Charles Spurgeon (1834–1892). Um pregador brilhante que amava o evangelho de Cristo. Ele era conhecido por ter um ótimo senso de humor. Contudo, sofria mais do que a maioria das pessoas. Embora fosse amado por muitos por causa do seu ministério, ele também era muito odiado por outros pelo mesmo motivo. Spurgeon lutava contra o medo e a depressão. O pastor também carregava os fardos de uma enorme carga de trabalho e a dor intensa proveniente de uma doença nas articulações chamada gota. Mas todas essas tempestades de sofrimento fizeram com que ele se agarrasse mais firmemente a Cristo. Charles Spurgeon disse: "Quando a nossa casa é sacudida, descobrimos se ela foi, de fato, construída sobre a Rocha."

parte de Romanos 8. 30 nos ensina que, como cristãos, nenhum sofrimento pode abalar o nosso relacionamento com Deus.

"E aos que predestinou, também chamou; aos que chamou, também justificou; aos que justificou, também glorificou." (Romanos 8. 30)

IMAGINE SEU FUTURO. Quando estamos sofrendo, é difícil pensar em outra coisa. No entanto, Deus nos lembra que, mesmo em nossos momentos mais sombrios, há um futuro brilhante diante de cada membro de sua família. A história da sua vida pode conter muitas páginas escritas em dor e sofrimento, porém você conhece a "glória" do Capítulo Final. Os cristãos têm a garantia da alegria na presença de Deus por toda a eternidade.

"Que diremos, pois, diante dessas coisas? Se Deus é por nós, quem será contra nós? Aquele que não poupou a seu próprio Filho, mas o entregou por todos nós, como não nos dará juntamente com ele, e de graça, todas as coisas?"

(Romanos 8. 31-32).

● ● ●

Em *As crônicas de Nárnia*, as crianças enfrentaram sofrimentos e, ainda pior, a morte. Mas, para elas, assim como para todos que seguem Jesus, não era o fim. É assim que termina a história de Nárnia:

[Disse Aslam]: "Acabaram-se as aulas: chegaram as férias! Acabou-se o sonho: rompeu a manhã!" E, à medida que ele falava, já não lhes parecia mais um leão. E as coisas que começaram a acontecer a partir daquele momento eram tão lindas e grandiosas que não consigo descrevê-las. Para nós, este é o fim de todas as histórias, e podemos dizer, com absoluta certeza, que todos viveram felizes para sempre. Para eles, porém, este foi apenas o começo da verdadeira história. Toda a vida deles neste mundo e todas as suas aventuras em Nárnia haviam sido apenas a capa e a primeira página do livro. Agora, finalmente, estavam começando o Capítulo Um da Grande História que ninguém na terra jamais leu: a história que continua eternamente e na qual cada capítulo é muito melhor do que o anterior. *(A última batalha)*

COMO ENCONTRAR QUALQUER COISA NESTE LIVRO

Descubra línguas antigas
Palavras em latim que você deveria conhecer . . . . *Capítulo 25*
Aprenda o alfabeto grego . . . . *Capítulo 52*
Aprenda o alfabeto hebraico . . . . *Capítulo 16*

Questões de fé
É possível provar a existência de Deus? . . . . *Capítulo 33*
Genes do projeto inteligente (e mais) . . . . *Capítulo 42*
Jesus *realmente* ressuscitou? . . . . *Capítulo 55*
Como podemos saber que a Bíblia é verdadeira . . . . *Capítulo 10*
Em que você acredita? . . . . *dentro do Capítulo 47*

Curiosidades
Frases bíblicas famosas: as verdadeiras e as falsas! . . . . *Capítulo 14*
Viagens famosas na Bíblia . . . . *Capítulo 19*
Boas festas. . . . . *Capítulo 18*
Dinheiro na Bíblia . . . . *Capítulo 49*
Diferenças entre dia e noite . . . . *Capítulo 39*
Brilhe muito! (Joias na Bíblia) . . . . *Capítulo 26*
Vendo estrelas . . . . *Capítulo 35*
Comer ou não comer? . . . . *Capítulo 36*
Armas na Bíblia . . . . *Capítulo 65*
Selvagem, mais selvagem, super-selvagem . . . . *Capítulo 29*

História

Símbolos cristãos que você deveria conhecer . . . . Capítulo 66
Explore novos mundos . . . . Capítulo 31
Homens que deram a vida por Cristo . . . . Capítulo 6
Mais homens que deram a vida por Cristo . . . . Capítulo 37
Mais mulheres que deram a vida por Cristo . . . . Capítulo 64
Como era a igreja para os cristãos primitivos? . . . . Capítulo 60
Mulheres que deram a vida por Cristo . . . . Capítulo 24

Conhecendo a Deus

Comendo com Jesus . . . . Capítulo 53
Oito dias que mudaram o mundo . . . . Capítulo 58
A missão (não tão) secreta de Deus . . . . Capítulo 23
Ótimas notícias! . . . . Capítulo 4
Como sua Bíblia chegou até você? . . . . Capítulo 61
Como ter mais noção sobre Deus . . . . Capítulo 40
Nós que não podem ser desfeitos . . . . Capítulo 57
Os nomes de Deus . . . . Capítulo 3
Resumindo . . . . Capítulo 47
Como Deus é? . . . . Capítulo 32

COMO ENCONTRAR QUALQUER COISA NESTE LIVRO

Viva como Jesus

Encontrando o centro do universo .... *Capítulo 20*
Trabalho duro? É moleza! .... *Capítulo 44*
Como amadurecer como cristão .... *Capítulo 5*
Como tomar boas decisões .... *Capítulo 50*
Como orar .... *Capítulo 43*
Os pais não são perfeitos .... *Capítulo 38*
A melhor maneira de lidarmos com inimigos .... *Capítulo 54*
O que toda criança precisa .... *Capítulo 13*
O que fazer quando coisas ruins acontecem .... *Capítulo 67*
O que fazer quando estamos com medo .... *Capítulo 21*
O que fazer quando estamos com raiva .... *Capítulo 7*
Por que não? .... *Capítulo 27*

Faça você mesmo

Diversão nos tempos bíblicos .... *Capítulo 51*
Como fazer um relógio de sol .... *Capítulo 63*
Como fazer cerâmica .... *Capítulo 48*
Como fazer sua própria funda .... *Capítulo 12*
Como dar nós .... *dentro do Capítulo 57*
Faça sua própria catapulta .... *dentro do Capítulo 65*
Receita de pão sem fermento .... *dentro do Capítulo 36*

Para aprender

Melhores amigos para sempre?.................................. *Capítulo 46*
Como arrumar seu quarto .... *Capítulo 9*
Como memorizar qualquer coisa .... *Capítulo 22*
Como ler a Bíblia todos os dias................................ *Capítulo 15*
Atenção às boas maneiras!...................................... *Capítulo 30*
Anotações... *Capítulo 62*

Entendendo a Bíblia

Mensagens antigas .... *Capítulo 59*
Compreendendo os evangelhos .... *Capítulo 56*
Como receber ajuda dos profetas .... *Capítulo 41*
Como ler as histórias da Bíblia .... *Capítulo 11*
Como entender a Bíblia .... *Capítulo 2*
Regras, regras, regras... *Capítulo 8*
Sessenta e seis livros em um .... *Capítulo 17*
Canções para o coração .... *Capítulo 34*
A Bíblia em uma frase .... *Capítulo 1*
A maior história de amor do mundo .... *Capítulo 45*
O segredo para amadurecer .... *Capítulo 28*

AGRADECIMENTOS

Sou grato pela colaboração de muitas pessoas nos últimos anos. Alguns capítulos surgiram de ideias de amigos, familiares e colegas de ministério: Jon Boulet, Jeff Bracht, Chris Brauns, Jim Hamilton, Andy Henderson, Matthew Hoskinson, Barbara Juliani, Will Lohnes, Marty Machowski, Jonathan Matias, Jeremy McMorris, Chris Morris, Dave Schutter, Eric Sipe, Brett Star, Darcy Stelzer, Mat Stribling e Marty Sweeney.

Dr. Michael Barrett, Dr. Chris Brauns, Dr. Curtis Hill, pastor Marty Machowski, minha esposa, Robben, e minha irmã Jenny, todos leram e ofereceram um *feedback* valioso e grande incentivo durante o esboço inicial. Seth Asher, Dan Boulet, Evan Collier, Dr. Mark Gignilliat, Dr. Blake Hardcastle, Robin Johnston, John Mason, Connor Pitman e Patti Spencer também contribuíram de maneira muito útil em vários capítulos. Versões posteriores receberam benefícios incalculáveis por meio da orientação editorial especializada e paciente de Nancy Winter e Barbara Juliani, da New Growth Press. Além disso, não posso deixar de agradecer ao meu filho Micah, de 11 anos, que leu o livro do papai, deu ótimas ideias e me fez evitar erros óbvios e vergonhosos. E não tenho palavras para elogiar o trabalho de design fantástico de Scot McDonald. A sua energia criativa deu ao livro todo o aspecto divertido que eu esperava e um pouco mais. *O Guia de Estudo Radical* é dedicado ao meu amigo Shannon Brown, que por intermédio de muitos projetos e incontáveis diálogos tem sido uma fonte de verdadeiro encorajamento para mim: na escrita, na santidade e na vida em geral.

Acima de tudo, agradeço ao Senhor pela oportunidade e pela força para trabalhar neste projeto nos últimos anos. Oro para que, por meio dessas páginas, muitos na próxima geração passem a amar e refletir o nosso gracioso Salvador e a confiar nele cada vez mais.

Notas finais

4	Capítulo 1. Citação de Michael Williams em Dane Ortlund's "Qual é a mensagem da Bíblia em uma frase" (http://dogmadoxa.blogspot.com/2011/01/whats-message-of-bible-in-one-sentence.html, acesso em 20 de maio de 2016).
12–15	Capítulo 4. Conceitos baseados no sermão de Timothy Keller em 2007 para a Gospel Coalition conference.
17–18	Capítulo 5. Citação de Donald Whitney, Spiritual Disciplines for the Christian Life (Colorado Springs: NavPress, 1991) 17.
18	Capítulo 5. Citação sobre Charles Simeon em Handley Carr Glyn Moule, Charles Simeon (London: Methuen & Co., 1892), 45.
19	Capítulo 6. Citação de Policarpo, "The Epistle of Polycarp," The Apostolic Fathers, Part II, Vol. 3, ed. J. B. Lightfoot, 2nd ed. (London: Macmillan, 1889), 474 and 326.
20–21	Capítulo 6. Citações de Atanásio em Scot McKnight, A Community Called Atonement (Nashville: Abingdon Press, 2007), 54. And from Programs and Sermons for Spiritual Instruction (Dublin: Browne & Nolan, 1881), 112.
23	Capítulo 6. Citações de Agostinho em Saint Augustine: Confessions, trans. Henry Chadwick (New York: Oxford University Press, Inc., 2008), 3, 52, 96, 152–3, 202.
28	Capítulo 7. McCall, Bruce, "The Perfect Non-Apology Apology," The New York Times (New York), 22 April 2002.
35	Capítulo 10. Manuscrito do Novo Testamento estatísticas retiradas da base de dados online fornecido no Novo Testamento Virtual Sala de Manuscritos (http://ntvmr.uni-muenster.de/liste, acesso em 19 de abril de 2016).
37	Capítulo 10. A tradução de João 18:31–33; 37–38 (https://en.wikipedia.org/wiki/Rylands_Library_Papyrus_P52, acesso em 20 de maio de 2016).
44–46	Capítulo 13. Citações de J. C. Ryle, Thoughts for Young Men (Carlisle, PA: Banner of Truth, 2015, originalmente publicado em 1888).
45	Capítulo 13. [box] Jim Elliot, The Journal of Jim Elliot, ed. Elisabeth Elliot (Grand Rapids: Revell, 1978), 174.
47	Capítulo 14. Barna Study: Six Trends for 2014 (from https://www.barna.org/barna-update/culture/664-the-state-of-the-bible-6-trends-for-2014#.VXrIUM7UQ1E, accessed June 12, 2015)
73	Capítulo 19. [box] from David A. Dorsey, The Roads and Highways of Ancient Israel (Baltimore: Johns Hopkins University Press, 1991), 1–24.
74	Capítulo 19. Tabela de quilometragem baseada em John H. Walton, Chronological and Background Charts of the Old Testament (Grand Rapids: Zondervan, 1994), 116.
78	Capítulo 20. Citação de John Piper (http://www.desiringgod.org/messages/god-is-most-glorified-in-us-when-we-are-most-satisfied-in-him, acesso em 20 de maio de 2016).
86	Capítulo 23. Citação de David Livingstone em Christopher J. H. Wright, Knowing Jesus Through the Old Testament, 2nd ed. (Downers Grove, IL: IVP, 2014), 137.
86	Capítulo 23. Citação de William Carey em Eustace Carey, Memoir of William Carey, D.D. (London: Jackson and Walford, 1836), 75.
88	Capítulo 23. Lista no final da página adaptada de David Hosaflook. Usado com permissão, correspondência pessoal com o autor.
91	Capítulo 24. Citação de Amy Carmichael em M. David Sills, The Missionary Call: Find Your Place in God's Plan for the World (Chicago: Moody Press, 2008), 191.
92	Capítulo 24. Amy Carmichael, If (Fort Washington, PA: CLC Publications, 2011), 52.
93–94	Capítulo 24. Citações de Lottie Moon em Send the Light: Lottie Moon's Letters and Other Writings, ed. Keith Harper (Macon, GA: Mercer University Press, 2002), 132 & 239–40. Citação final do website da the International Mission Board website (http://www.imb.org/main/lottie-moon/details.asp?StoryID=11887&LanguageID=1709#.Vz8yIGYtVUQ, acesso em 20 de maio de 2016).
103	Capítulo 27. Citação de Martyn Lloyd-Jones, Studies in the Sermon on the Mount (Grand Rapids: Eerdmans, 2000), 244.
123–129	Capítulo 32. Adaptado não publicado material escrito pelo, © Positive Action for Christ, PO Box 700, Whitakers, NC 27891. Todos os direitos reservados. Usado com permissão.
125	Capítulo 32. J. I. Packer, Knowing God (Downers Grove, IL: IVP, 1973), 26.
133–134	Capítulo 33. De Don Richardson, Eternity in Their Hearts (Grand Rapids: Baker, 1981), 57, 74, 115, 128f.
133	Capítulo 33. C. S. Lewis, The Weight of Glory and Other Addresses (New York: Harper Collins, 1980), 140.
137	Capítulo 34. No item # 3, a analogia do lareira é adaptada de Jim Berg, Changed Into His Image (Greenville, SC: BJU Press, 1999), 93.
137	Capítulo 34. Citação de Boice de Give Praise to God, Philip G. Ryken, et al, eds. (Phillipsburg, NJ: P&R Publishing, 2011), 233.
145	Capítulo 36. O gráfico de alimentos limpos e impuros foi adaptado e usado com permissão

	de Mark Barry (https://visualunit.me/2014/11/02/a-guide-to-unclean-eating/, acesso em 20 de maio de 2016).
147	Capítulo 37. Citações de John Huss in Matthew Spinka, *John Hus: Doctrine of the Church* (Princeton, NJ: Princeton University Press, 1966), 161, 320. Citação final de http://www.baptistboard.com/threads/an-address-to-his-persecutors-and-a-prayer-to-god.95783/, acesso em 20 de maio de 2016.
149	Capítulo 37. Martinho Lutero, *Larger Catechism*, trans. John Nicholas Lenker (Minneapolis, MN: Luther Press, 1908), 44. A citação final é atribuída a Lutero, para semelhante veja Paul Althaus, *The Theology of Martin Luther,* trans. Robert C. Schultz (Philadelphia: Fortress Press, 1966), 246.
151	Capítulo 37. Citações de Martinho Lutero de Roland Bainton, *Here I Stand: A Life of Martin Luther* (Peabody, MA: Hendrickson, 2009), 180.
152	Capítulo 37. Citação de John Bunyan in *The Whole Works of John Bunyan,* ed. George Offor, Vol. 1 (London: Blackie and Son, 1862), cxvi & 486.
152	Capítulo 37. John Bunyan, *Grace Abounding to the Chief of Sinners* (New York: Penguin Group, 1987), 34–5.
153	Capítulo 37. Joseph Ivimey, *The Life of Mr. John Bunyan* (London: R. Edwards: London, 1809), 225, 332.
158–159	Capítulo 40. Adaptado de material não publicado escrito pelo autor, © Positive Action for Christ, P.O. Box 700, Whitakers, NC 27891. Todos os direitos reservados. Usado com permissão especial.
159	Capítulo 40. Citação de Martinho Lutero em *Luther's Small Catechism,* (Philadelphia: Lutheran Publication Society, 1893), 17.
166	Capítulo 42. Malcolm W. Browne, "Following Benford's Law, or Looking Out for No. 1" (*The New York Times,* Tuesday, August 4, 1998).
167	Capítulo 42. Martin Rees, *Just Six Numbers: The Deep Forces that Shape the Universe* (New York: Basic Books, 2000), 30.
164–167	Capítulo 42. Adaptado de material não publicado escrito pelo autor, © Positive Action for Christ, P.O. Box 700, Whitakers, NC 27891. Todos os direitos reservados. Usado com permissão especial.
169	Capítulo 43. Martinho Lutero, *A Simple Way to Pray* (Louisville, KY: Westminster John Knox Press, 2000), 32–3.
172–174	Capítulo 44. Adaptado de artigo escrito pelo o autor e impresso com permissão de *Today's Christian Teen* magazine.
176	Capítulo 45. Michael Reeves, *Delighting in the Trinity: An Introduction to the Christian Faith* (Downers Grove, IL: IVP, 2012), 31.
180	Capítulo 45. "His Robes for Mine" © ChurchWorks Media.com, 2008.
183	Capítulo 46. Citações de *The Collected Letters of C.S. Lewis, Vol. II: Family Letters 1905–1931* (New York: Harper Collins, 2004), 174.
183	Capítulo 46. Quotations from C. S. Lewis, *The Four Loves* (Orlando, FL: Harcourt Books, 1971), 66–7.
201	Capítulo 52. Adaptado de material não publicado escrito pelo autor, © Positive Action for Christ, P. O. Box 700, Whitakers, NC 27891. Todos os direitos reservado. Usado com permissão especial.
212–213	Capítulo 56. Descritores dimensionais adaptados de John Stott, *The Incomparable Christ* (Downers Grove, IL: IVP, 2001), 41–2.
223	Capítulo 60. Carta de Plínio para Trajano de *A Dictionary of the Bible,* ed. James Hastings, Vol. 4 (New York: Charles Scribner's Sons, 1911), 943.
233–234	Capítulo 64. Citação de Iain H. Murray, *Jonathan Edwards: A New Biography* (Edinburgh: Banner of Truth, 1987), 92.
234–235	Capítulo 64. Citação de Noël Piper, *Faithful Women & Their Extraordinary God* (Wheaton, IL: Crossway, 2005), 23.
235	Capítulo 64 [box]. Sereno Edwards, *The Life of President Edwards* (New York: Carvill, 1830), 173.
236	Ibid., 131.
237	Ibid., 580–1.
239–241	Capítulo 64. Citação de Ernest Gordon, *A Book of Protestant Saints* (Chicago: Moody, 1946), 305–6.
247	Capítulo 66. Adaptado de John Stott, *The Cross of Christ* (Downers Grove, IL: IVP, 1986), 21.
249	Capítulo 67. C. S. Lewis, *The Last Battle* (New York: Macmillan, 1956), 173.
251	Capítulo 67. Citação de Charles Haddon O sermão de Spurgeon, "Sweet Stimulants for the Fainting Soul," preached Winter 1860. http://www.biblebb.com/files/spurgeon/2798.htm.
253	Ibid., 173–4.

Illustrações

18	Gravura de Charles Simeon por William Finden depois um retrato de Sir William Beechey; King's College Library, Cambridge. KCAC/1/4/Simeon3
19	Policarpo, do mosaico , "The Procession of the Holy Martyrs," in Ravenna, Italy (A.D. 526)
22	Agostinho de Hipona by Sandro Botticelli, na igreja de Ognissanti, Florença (cerca de 1480)
37	Biblioteca John Rylands Papyrus P52; frente (imagem superior); verso (imagem inferior). Preservado na Biblioteca John Rylands.
39–41	Bible story illustrations de A. E. Macha. © New Growth Press
44	J. C. Ryle (Licença: CC BY-SA 3.0)
82	Graphic ©IDoRecall.com
89	Amy Carmichael com algumas de suas amadas meninas, domínio público
93	Foto de Lottie Moon cortesia do IMB
117	"The Pilgrims Progress, or, Christians Journey from the City of Destruction in This Evil World to the Celestial City in the World That Is to Come" ([London]: Publicado por J. Pitts, no. 14 Great St. Andrew Street Seven Dials, 1º de julho de 1813).
119	Foto de C. S. Lewis de Arthur Strong © Ingrid Franzon
132	Uma tábua contendo parte da Epopeia de Gilgamesh, escrito em acadiano, domínio (CC0)
139-140	Imagens de constelação criadas pelo autor usando Stellarium (GPL 2.0). http://stellarium.org/
145	Infográfico adaptado de alimentos limpos e impuros ©Mark Barry 2014
159	Crédito das fotos: ©Lois Scott (Baby, Farmer Hands, Geese, Mountain, Snow)
165	©Wellcome Collection, London (CC BY-SA 3.0)
187	Irenaeus ©Banner of Truth Trust. From cover of: Sinclair B. Ferguson, *Irenaeus*
209	© Mesamong	Dreamstime.com
223, 224	Inside of Saint Ananias, Damascus (2006). Photo credit: Titoni Thomas (License: CC BY-SA 3.0)
233	David F. Bacon, ed. *Memoirs of Eminently Pious Women of Britain and America* (Hartford, 1833), detalhe da placa contendo cinco retratos separados, p. 300
238	Hanna Faust (1825–1903). Publicado por Verlag und Buchhandlung der Evangelischen Gesellschaft, Elberfeld, Germany, 1904
248	(top) © Nate Allred	Shutterstock.com; (bottom) © Nancy Bauer	Shutterstock.com

INDICAÇÕES AO *GUIA DE ESTUDO RADICAL*

"O *Guia de Estudo Radical* é como uma enciclopédia da verdade. Thornton fez algo mágico aqui. Ele pegou todos os aspectos da fé cristã, a Palavra que amamos e o caráter de Deus e os tornou acessíveis às crianças. É tudo o que você espera saber e ensinar em um só lugar, incluindo relatos de personagens históricos. Sou grato por meus filhos ainda serem pequenos, pois posso usar este livro para ensiná-los sobre as raízes da nossa fé. O *Guia de Estudo Radical* é, de fato, radical – radicalmente útil, radicalmente bom."

–TRILLIA NEWBELL, autora de *Enjoy, Fear and Faith* (Alegria, medo e fé) e *United* (Unidos)

"Minha esposa e eu gostaríamos muito que este livro estivesse disponível para os nossos filhos e netos. É difícil expressar em poucas palavras o meu apreço pela maneira atraente e absorvente com a qual ele envolve os jovens leitores, destacando o enfoque generalizado das Escrituras em Cristo e mostrando a importância do evangelho e suas implicações para sua vida. Recomendo muito."

–RICHARD B. GAFFIN, JR., professor de Teologia Bíblica e Sistemática, emérito, Seminário Teológico de Westminster

"Champ dá às crianças e aos pais um presente neste livro, que é divertido, prático e teologicamente rico. É um guia do explorador necessário para a Bíblia, a teologia, a história bíblica, a história da igreja e para a vida de meninos e meninas. É uma ferramenta para as crianças aprenderem sobre Deus, sua Palavra, seu mundo e a si mesmas."

–JUSTIN S. HOLCOMB, professor seminarista; ministro; autor de *God Made All of Me: A Book to Help Children Protect Their Bodies* (Deus fez tudo de mim: Um livro para ajudar as crianças a protegerem o corpo)

"Ao folhear este livro, encontrei diversos fatos e dicas que nunca fizeram parte das minhas aulas da escola dominical ou dos meus devocionais familiares. Mas deveriam! Esta é uma obra repleta de maravilhas para as crianças explorarem. Elas vão aprender, se divertir e ser desafiadas a crescer mais profundamente na fé."

–JACK KLUMPENHOWER, autor de *Show Them Jesus* (Mostre Jesus a eles); coautor de *The Gospel-Centered Parent* (Pais centrados no evangelho) e *What's Up* (E aí?)?

"O *Guia de Estudo Radical* é como embrulhar aquela professora preferida da escola dominical em um livro. Você sabe, ela era a mãe incrível que tornava o aprendizado sobre Deus muito divertido. E fazia tudo com a verdade do evangelho que transformava vidas. Cada família deve ter um exemplar deste livro em sua estante. Melhor ainda, deve colocá-lo como geralmente colocamos um prato de biscoitos na mesa de centro e, então, observar seus filhos devorarem-no. A parte mais emocionante será ver seus filhos crescerem em sua paixão por Deus e por sua Palavra."

–MARTY MACHOWSKI, pastor da família; autor de *The Ology, The Gospel Story Bible, Long Story Short* e de outros recursos ricos do evangelho para famílias

"Eu não costumo ler livros infantis, pelo menos não leio há vários anos. No entanto, descobri O *Guia de Estudo Radical*, de Champ Thornton, e ele faz jus ao seu nome. É diferente de tudo o que me lembro de ter lido para meus filhos. O escopo e o conteúdo são, de fato, radicalmente diferentes do estilo normal de narrativa de tantos outros. Champ é capaz de comunicar assuntos importantes e, às vezes, complicados de maneira simples e atraente. Eu ficaria feliz se meus alunos de pós-graduação viessem até mim com o conhecimento básico de algumas das questões abordadas."

–MICHAEL BARRETT, vice-presidente de Assuntos Acadêmicos; decano acadêmico; professor de Antigo Testamento, do Seminário Teológico Reformado Puritano

"O *Guia de Estudo Radical* é uma obra que toda família deve ter em sua biblioteca. Mal posso esperar para fazer esta leitura com meus filhos e aprender mais com ela. Champ Thornton magistralmente tece teologia, biografia, verdades bíblicas, aplicação prática e atividades interessantes – tudo em um livro que é visualmente atraente e fácil de ler. Recomendo este livro para jovens, pais e novos convertidos de todas as idades. É um tesouro para a compreensão bíblica."

–MELISSA KRUGER, coordenadora do Ministério de Mulheres na Uptown Church PCA; autora de *The Envy of Eve: Finding Contentment in a Covetous World and Walking with God in the Season of Motherhood* (A inveja de Eva: Encontrando contentamento em um mundo cobiçoso e caminhando com Deus na época da maternidade)

"Intrigante + edificante = o tipo de livro que desejo para meus filhos lerem. Este é um deles."

–ANDY NASELLI, professor Assistente de Novo Testamento e Teologia Bíblica, Bethlehem College & Seminary

"Tenho três filhas e estou sempre à procura de livros sólidos. O livro radical de Champ Thornton se encaixou perfeitamente a essa categoria. Foi um sucesso instantâneo com minhas filhas! Tem uma estrutura ótima e uma teologia rica. É escrito em uma linguagem que as crianças entendem. É um livro que você deveria ter em casa."

—MATHEW B. SIMS, escritor e editor freelance; autor de *A Household Gospel* (Um evangelho doméstico); blogueiro da Grace for Sinners (RSS)

"Super-heróis, bestas, inimigos, uma missão (não tão) secreta, a maior história de amor! Este livro moldará para os jovens uma cosmovisão de Deus e nutrirá uma vida que exalte a Cristo. Ele é cheio de tiradas fascinantes, histórias memoráveis, teologia rica, sabedoria clara e ideias divertidas. As imagens e os tópicos são variados e envolventes e tanto atrairão seu filho para o mundo e a Palavra de Deus quanto o impulsionarão para a maturidade, responsabilidade e piedade."

—JASON S. DEROUCHIE, professor de Antigo Testamento e Teologia Bíblica, Bethlehem College & Seminary

"O livro de Champ Thornton mostra às famílias como desenvolver um sistema de raízes na fé cristã. Ele oferece uma ampla base de conteúdo rico em porções do tamanho de uma refeição facilmente acessíveis para as famílias. O conteúdo varia de uma introdução às Escrituras, à teologia bíblica e à teologia histórica. As piadas sobre elefantes e as aulas de amarração de nós são um bônus incrível. Estou colocando-o em uma pequena lista de livros que recomendo para todas as famílias da nossa igreja."

—CHRIS BRAUNS, pastor; autor de *Unpacking Forgiveness* (Desenrolando o perdão)

"O *Guia de Estudo Radical* é um livro que toda criança cristã deve ter. Cheio de grandes ideias, curiosidades e ótimas atividades, é o companheiro perfeito para ajudar crianças a desvendar a Bíblia e sua fé em um nível mais profundo. Precisamos encorajar nossos filhos a desenvolverem um amor pela Bíblia. Isso vai auxiliá-los a defender o Senhor em todas as áreas de sua vida ao longo dos anos. *Este livro* vai ajudá-los a fazer exatamente isso!"

—OLLY GOLDENBERG, CHILDREN CAN, www.childrencan.co.uk

"O *Guia de Estudo Radical*, de Champ Thornton, é uma apresentação maravilhosa da verdade e da prática cristã fundamental que se destaca em estilo e substância. Posso ver imediatamente muitos usos possíveis para este livro. No entanto, recomendo-o especialmente aos pais como uma forma divertida de falar sobre a fé com os filhos. Há uma sensação de aleatoriedade nas seleções dos tópicos, mas acho que isso aumenta a atratividade do livro. Altamente recomendado."

—STEPHEN SMALLMAN, Autor de *The Walk-Steps for New and Renewed Followers of Jesus* (Passos para novos e renovados seguidores de Jesus).

"O *Guia de Estudo Radical* é 'enganosamente' divertido! Enquanto os pré-adolescentes estão se divertindo com jogos criativos, projetos práticos, piadas divertidas e histórias legais, Champ Thornton está disciplinando-os radicalmente com um curso intensivo sobre métodos de estudo da Bíblia, hermenêutica, história da igreja, teologia bíblica e vida e ética cristãs. Este é o tipo de livro que, furtivamente, ajuda pais, pastores e professores a formarem jovens seguidores de Jesus Cristo."

—MATTHEW C. MITCHELL, Pastor da Igreja Evangélica Livre Lanse; autor de *Resisting Gossip: Winning the War of the Wagging Tongue* (Resistindo à fofoca: Vencendo a guerra da língua solta); pai de quatro.

"Em *Guia de Estudo Radical*, Champ Thornton combina, de forma brilhante, as palavras e, dessa forma, desenha imagens vívidas na mente para simplificar verdades espirituais importantes. Todos os pais, avós e influenciadores espirituais das crianças vão querer uma cópia para si, por causa da profundidade, da visão e do conhecimento abrangentes fornecidos em um livro conveniente. As crianças identificam a si mesmas completamente com a relevância cultural, fatos divertidos, heróis históricos, ilustrações inteligentes e aplicações práticas fornecidos no conteúdo inteiro."

—DARCY STELZER, diretor do *Ministério KidzLife Ministry*, New Life Church, Gahanna, Ohio.

"Estou sempre procurando por aquela centelha criativa que gera conversas e estimula o desejo de entender melhor a Bíblia. É fundamental para essa faixa etária conseguir isso. Estou convencido de que este livro proporcionará uma conversa incrível para ajudar os jovens a aprofundar sua fé. Dessa maneira, será criada uma fé vibrante na centralidade das Escrituras. Também será gerado interesse em teologia e será possível construir uma grande base para um futuro discipulado, à medida que as crianças crescem para viver a fé cristã na adolescência. Endosso fortemente esta obra. Acho que está bem escrita, é informativa, envolvente e, com sorte, resultará em vidas transformadas."

- ROY CROWNE, diretor executivo, HOPE